·中央高校基本科研业务费专项资金项目·项目编号：2232021G－08

本来·外来·未来

国际化视野中的沪上非遗研究

张顺爱　柯玲　主编

东华大学出版社

·上海·

图书在版编目（CIP）数据

本来·外来·未来：国际化视野中的沪上非遗研究 /
张顺爱，柯玲主编 . -- 上海：东华大学出版社，2021.8
　　ISBN 978-7-5669-1944-1

　　Ⅰ . ①本… Ⅱ . ①张… ②柯… Ⅲ . ①非物质文化遗
产—研究—上海 Ⅳ . ① G127.51

　　中国版本图书馆 CIP 数据核字（2021）第 139161 号

责任编辑：季丽华　　张力月
版式设计：上海程远文化传播有限公司

本来·外来·未来：国际化视野中的沪上非遗研究
BENLAI WAILAI WEILAI：GUOJIHUA SHIYE ZHONG DE HUSHANG FEIYI YANJIU

主　编：张顺爱　　柯玲
出　版：东华大学出版社（上海市延安西路1882号，邮政编码：200051）
本社网址：dhupress.dhu.edu.cn
天猫旗舰店：http://dhdx.tmall.com
营销中心：021-62193056　62373056　62379558
印　刷：上海颛辉印刷厂有限公司
开　本：889mm×1194mm　1/16
印　张：8.75
字　数：224千字
版　次：2021年9月第1版
印　次：2021年9月第1次印刷
书　号：ISBN 978-7-5669-1944-1
定　价：58.00元

序

　　"非物质文化遗产"作为诞生于五千年中华历史进程的特殊文化形式，积淀了人民在长期的历史发展和生产、生活劳动中的智慧和结晶，凝聚着中华民族特有的精神价值和人文情怀，承载着中华儿女真实的思想内涵和美好的生活追求。

　　近年来，在我国一系列关于"非遗"保护的法制法规和措施之下，整个社会对"非遗"的尊重意识、保护意识和传承意识有了很大的提高。各族人民自觉地、热心地投身于"非遗"传承和保护工作中，为有效保护和传承非物质文化遗产，坚持"保护为主、抢救第一、合理利用、传承发展"的工作方针，强化重点，夯实措施，全力推动"非遗"保护与传承工作，取得了可观的成绩。

　　文化是一个国家、一个民族的灵魂。在新的历史起点上推进文化强国建设，就是要牢牢把握中华民族伟大复兴的战略全局，增强文化自觉，坚定文化自信，弘扬中华优秀传统文化，继承革命文化，讲述中国故事，不断铸就中华文化新辉煌。"非遗"是最本土的、最具有特色的中华优秀传统文化，是提高我国文化软实力和国际影响力的重要资源。它既反映了世代相传的价值观、审美观和知识，又在时代变迁和自身传承实践中不断丰富与发展。我们保护传承"非遗"是为增强文化的多样性，尊重人类的创造力，实现中华文化的创造性转化和创新性发展，它的保护发展将推动中国特色社会主义文化的大发展和大繁荣。

　　当今世界，无论是繁华的都市或边远的乡村，也无论是公共生活领域或个人生活空间，都无不感受到文化的多样性。各种文化之间的持续接触、渗透、影响，已成为不可抗拒的文化现象。该如何在多元文化冲击的国际环境中弘扬中华优秀传统文化，树立文化自信，成为当前我国提升文化软实力，建设社会主义文化强国的新时代重大课题。

　　文化作为一种人类的生存方式，是对自身生存环境的有效适应，所以文化只有在交流和竞争中传承和发展，在发展中创新，在吸纳传统文化精髓的基础上，重建本土民族文化才有新的生命力。东华大学本着传统工艺"保护、传承、创新、衍生"四项全面发展的产学研协作机制和理念，聚焦传统刺绣创意设计及传统服饰文化的创新发展，2016 年 9 月起，进行了中华人民共和国文化和旅游部"中国非遗传承人群研修研习培训计划"。习近平总书记指出,"传承中华文化,绝不是简单复古,也不是盲目排外,而是古为今用、洋为中用,辩证取舍、推陈出新,摒弃消极因素,继承积极思想,'以古人之规矩,开自己之生面',实现中华文化的创造性转化和创新性发展。"这一重要思想,正是本次"本来·外来·未来:国际化视野中的上海非遗研究学术论坛"的最好注解和指导方针。

本论文集汇编了除由东华大学第八期"传统刺绣创意设计"研修结业系列活动"本来·外来·未来:国际化视野中的上海非遗研究学术论坛"宣读的论文外,还收录了为本期论坛投稿的优秀论文。论文集不仅有上海本地的"非遗"研究,还有众多高校师生的多层面、不同学科的非上海地区"非遗"的研究。

本论文集得到了东华大学出版社的大力支持,从而得以迅速出版,在此深表感谢。也向指导本研讨会工作的领导、专家及使得这本论文集得以成书面世的作者、编辑致以最真挚的谢意。最后,正逢中国共产党百年华诞,以此书向党献礼。

编者

2021 年 6 月

目录

序

本来

外来

未来

本来

Original

本来·外来·未来：国际化视野中的沪上非遗研究

01 非遗视野下丽江纳西族女性羊皮披肩的设计特征解读 [①]

张顺爱 [②]，管姝 [③]

摘要： 丽江纳西族女性披用的羊皮披肩是该民族非遗服饰中的典型代表。该文在田野调查的基础上，对披肩的整体造型与局部装饰设计特征进行了详细解读，从中引申出丽江纳西族非物质文化遗产中的历史内蕴与观念传承。就造型而言，结构安排中渗透着该民族对"七"的数字崇拜，形制、廓型与材质的设计上体现出对立统一的原始辩证法思想，色彩搭配中体现出对黑与白的色彩崇拜。就装饰而言，无论是手工还是机器制作，七星圆盘传达出的是该民族价值观中对勇敢、勤劳美德的强调，披肩背带则折射出与自然"情同手足"的生态观念。

关键词： 丽江纳西族；羊皮披肩；非遗；文化内涵

　　丽江市地处云南省西北部，位于云贵高原与青藏高原的过渡地带。该地历史悠久、人杰地灵，是目前中国唯——一个"拥有文化、自然、记忆三项世界遗产桂冠的城市"[1]。著名的丽江古城又名大研镇，始建于宋末元初，距今已有800余年的历史，该镇所在的古城区也是我国少数民族之———纳西族的主要聚居地。

　　纳西族现人口总量不多，是目前国内相对"小众"的少数民族之一，但早在2009年，"纳西族服饰"项目就被列入云南省第二批非物质文化遗产保护名录。该民族的服饰非物质文化遗产正以丽江古城区日益蓬勃的旅游业为依托，逐步提升国内外知名度。其中，丽江纳西族女性披用的羊皮披肩设计巧妙，工艺考究，已成为

① 教育部人文社会科学研究规划基金项目"雷山苗族服饰非物质文化遗产传承与保护的研究"（项目编号：14YJA760052）；中央高校基本科研业务费专项资金项目"文化软实力视域下楚雄彝族服饰非遗传承及创意发展研究"（项目编号：2232021G – 08）。

② 张顺爱，东华大学副教授，研究方向为少数民族服饰。

③ 管姝，东华大学硕士研究生，研究方向为少数民族服饰。

纳西族非遗服饰中的典型代表。本文拟以对女性羊皮披肩的造型与装饰设计特征的解读为切入点，以期更加深入地探讨丽江纳西族服饰非物质文化遗产的历史内蕴与观念传承。

一、标准化的丽江纳西族服饰

2017年，云南省标准化研究院制定并发布了云南省特有的少数民族服饰地方标准，其中 DB53／T774.1—2006《纳西族服饰 第1部分：丽江古城、玉龙区域》列出了标准的纳西族服饰类型"已婚女性……头戴黑色圆形纱帽，外戴蓝布帕……内穿灰色或湖蓝色前短后长女袄，外套枣红或黑色或蓝色领褂……藏青色或黑色宽腿裤……腰系围裙，身披羊皮披肩……男子身着白色对襟衣和羊皮褂，下穿藏青色或黑色宽腿裤"[2]，如图1所示。其中，女性披用的羊皮披肩是该民族非遗服饰中必不可少的组成部分，更是丽江纳西族独特文化一脉相承的载体。

（a）已婚女性正面　　　　　　（b）已婚女性背面　　　　　　（c）男子正面

图1 标准化纳西族服饰

在丽江地区，纳西族女性羊皮披肩又名"七星毡"，因披肩上间隔缝制7个刺绣圆盘"星星"而得名（图2）。一件标准且正宗的羊皮披肩一般由整块黑色绵羊皮加厚布缝制，上半部分为矩形衬布，称"优轭简"，衬布上沿缝制两根白色长条布肩带，称"优轭货"，下接羊皮，一般光面朝外，毛面朝里。在衬布与羊皮的覆盖关系上，披肩体现出绝佳的比例审美。虽然传统的披肩都由手工缝制，在尺寸与规格方面并无绝对统一的标准数值，但由历代纳西族人民美感认知不断积淀而成的整体比例关系大致都相似。以笔者于云南省丽江市大研镇征集的某件七星毡为例，该披肩制作于20世纪60年代，保存得极好，披肩羊皮可视部分长度：披肩羊皮全长≈2∶3（0.667），如图3所示。这种三等分比例在视觉上接近黄金分割的完美比例（0.618），

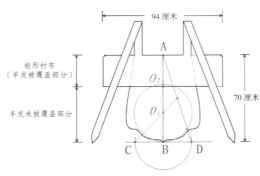

图 2 纳西族七星毡　　　　　　图 3 某件羊皮披肩中的三等分比例关系

可以给观者一种"恰到好处"的美感。魏静、欧力曾在《论黄金分割与服装构成》一文中指出"运用黄金比例方法确定服装某一部分与整体的长度比，可以增加服装细部的和谐美感"[3]。

在披用时，纳西族女性将两根背带由肩膀拉至前胸交叉，将其中一根向内环绕一次，使胸前绕紧的两根背带呈左右对称的"X"状（图4），再由两腋下穿过至后腰处，于披肩外部系结，这种交叉系法更加牢固，增强了功能的稳定性。该披肩不仅披于女性背上时符合人体肩背的对称曲线，平铺时整体造型也呈现出静态的规整、稳重之美。

图 4 环绕交叉的肩带示意

二、羊皮披肩造型解读

（一）数字"七"背后的女性象征

羊皮披肩在整体造型的设计上，最具固定性的就是七个刺绣圆盘的设置。传统的披肩全程由手工缝制，在羊皮、布料的尺寸和规格方面或许并无绝对统一的标准，但从古至今唯一不变的就是横向并列圆盘的数量必须为七。

这固定的七个圆盘从整张羊皮在宽度尺寸方面的考量上是适宜的，此外，其背后隐藏的更是纳西族人民将"七"与女性联系在一起的传统思想。和雪康、张智林在《人类学视域下纳西族数字研究——以"三""七""九"为例》中指出"数字七常常是美好女性的表征，进而延伸为具有女性特点的事物的表征；而数字'九'是英勇男性的表征"；"最典型的就是在传统的丧葬习俗中，女性尸体口中放七粒米……用七碗水洗尸体……现场由七位女性亲属作陪，死者鞋上钻七个孔。火化时，女性火化要用七堆柴"，相对应地，若为男性死者，以上数字则改为"九"[4]。这些以男女为区别的规则必须严格遵守，不可混淆或随意乱用。在纳西族另一项非物质文化遗产——神话史诗《创世纪》①中，关于万物起始、人类繁衍的叙事描绘里女性的诞生就是与数字"七"相关：神鸡恩余恩曼生下了九对白蛋，其中"一对变成了开天的九兄弟，一对变成了辟地的七姊妹"[5]。在第四章《迁徙人间》中，天女衬红褒白命与人类始祖崇忍利恩结婚，书中对她的智慧与勤劳有"聪明的衬红啊！一人栽秧同时插七行"[5]的记载。类似于"男左女右"的传统说法，"七"这一数字作为纳西族人民传统思想中与"女性"紧密相连的概念，自然而然地就与女性的服装饰物联系起来，并体现于披肩整体布局的设计中。

（二）对立统一的原始辩证法思想

1. 形制的主次转化

羊皮披肩在形制布置中呈现出主次的转化关系。披肩以较大的衬布和羊皮为主，以较小的背带为辅，以刺绣圆盘和线状的流苏为点缀（图5），三者构成了披肩形象体系中的"主、辅、点的主从关系"[6]。但就形式美感而言，七个刺绣圆盘及十四根流苏才是设计主题的真正载体，虽然所占块面不多，这种点缀形式却正是披肩整体造型的视觉焦点，是"点睛之笔"。因此，在主次安排上，虽然衬布与羊皮占有面积主体的优势，但星星圆盘与流苏才是设计中被突出强调的主要元素，前者则是起衬托作用的辅助元素，即在这一视角的切换过程构成了一组鲜明的主次转化关系。

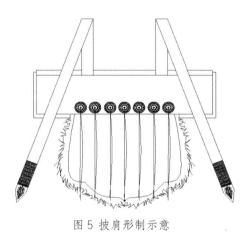

图 5 披肩形制示意

2. 廓型的和谐均衡

羊皮披肩在外廓型设计中体现出均衡意识。披肩上半部分衬布为矩形，下半部分羊皮大体呈"U"形（图6），虽然采用不对称的上宽下窄设计，但在衬布中央安排有

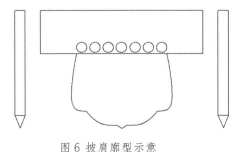

图 6 披肩廓型示意

---

① 与英雄史诗《黑白战争》、叙事长诗《鲁班鲁饶》一同被誉为纳西族古代文学的"三颗明珠"，作为反映纳西族历史与生活的百科全书于2013年被列入云南省非物质文化遗产保护名录。

等距离紧密排列的七个圆盘，同时被包含在下方"U"形开口的内部，这种集中式的装饰增强了稳定感，将视觉重心固定于中间轴线处，给观者一种力学上的平衡感，而均衡法运用的关键就在于"通过改变服装的外部轮廓和内部结构等元素，使原先在空间、数量和距离上不对称的服装元素经过相互协调后形成安定现象"[7]。同样地，羊皮底端设计为类似大括号与花形的组合，这样的线条变化削弱了上方矩形的方正严谨，与之相对应的，两根背带也是由上至下逐渐收缩，由矩形变化为等腰三角形，使背带形成生动的箭头造型，产生一种别具一格的协调感。

3. 材质的多样统一

一件正宗的手工羊皮披肩对面料质量的要求极高，在材质的搭配方面体现出纳西族人民对多样性与整体性规律的追求。披肩主要面料为黑绵羊皮，辅助面料则包括麂皮、棉布、氆氇或呢子布。绵羊皮外层皮面细腻光滑，内里毛面粗糙厚实，两面可供正反调换以调节冷暖。圆盘圆心所垂下的两根长流苏为更加紧实、柔韧性更佳的麂皮。此外，矩形衬布上方横镶细长条形状的黑色氆氇或普通毛呢（图7），即纳西族传统大调《烧香》中所描述的"拉萨黑氆氇，缝羊皮肩上"[8]。内里蓝色棉布光滑且轻薄，外层黑色棉纺布有一定厚度，两者皆细密平整，最上方黑色氆氇质地柔软，细腻厚重，在这三种面料的两两对比中体现出布料厚薄、软硬等对立特性的和谐统一。可以推测，最上方横向柔软面料的作用存在于两个方面：第一，以其毛绒质感与羊皮边缘的黑色羊毛形成上下材质呼应；第二，考虑到披肩披在背上的位置，柔软面料的选用可以减小披肩与人体肩胛骨间的摩擦力，提高穿着舒适性。

如上所述，纳西族披肩的造型设计理念体现了主次转化、和谐均衡、多样统一等辩证唯物主义的哲学观。此类哲学观在纳西族其他历史文化中也有迹可循，如纳西族象形文字东巴文是一种具有图画特征的文字，杜娜等人曾指出"东巴文字组中的对称性丰富和多样，集中表现在一对或多对字符在形态、数量与力量上的对等，使字组整体呈现出均衡、协调和稳定的视觉感受"[9]，刘文英也曾以"天地交合"为例提到该文字"上为天之象，下为地之形，中间表示来自天地的两种东西的交互作用"[10]，如图8所示。这种对立划分又相互转化的思想正是"矛盾转化"的体现。

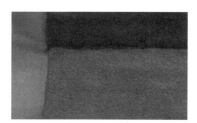

图7 矩形衬布上方的黑色氆氇

图8 东巴象形文字中的
"天地交合"

（三）对黑与白的色彩崇拜

羊皮披肩大致由黑、白两个主要色块构成，蓝色为点缀（图9），其中黑、白色块为非彩色，蓝色为有彩色。就视觉感受而言，白色具有膨胀和轻盈感，黑色具有收缩和沉重感，大面积的黑、白色块形成对比式的视觉冲击。黄元庆在《服装色彩学》中从色相角度分析服装色彩统一的手段，指出"无彩色系与任何有彩色相配都能取得调和"，且调

图 9 披肩中的黑、白、蓝色块

和时"需注意调整明度"[11]。披肩的蓝色块介于黑白之间，降低明度以进行无彩色与有彩色的调和，同时分隔黑、白两色，起视觉缓冲作用。白色块两旁的小面积黑色与上方大面积黑色块相呼应，也增加了披肩下半部分的重量感。

就色彩而言，纳西族对黑、白两色的色彩崇拜，在英雄史诗《黑白战争》与神话史诗《创世纪》中表现得淋漓尽致。《黑白战争》讲述的是白部落"董"和黑部落"术"之间的一场英勇战争，最后白部落在战神的帮助下战胜了黑部落，寓意着光明战胜了黑暗。不过，与上文所述的纳西族原始辩证法思想相呼应的是，在该族文化中白与黑也不是绝对对立的。白庚胜在《纳西族色彩文化制约机制谈》一文中提到白与黑的和谐性，"《崇搬图》《碧庖卦松》《丁巴什罗传》等作品中多有描写。如帮助人祖崇忍利恩……的是白蚂蚁与黑蚂蚁、白蝴蝶与黑蝴蝶。又如在白蝙蝠打开经篋时共同将经书吹飘的是白风与黑风，在丁巴什罗一怒之下弄乱喇嘛经典的也是白风与黑风"[12]。此外，在《创世纪》中，由太阳光产生的"白气"孕育出依格窝格善神，是东巴经里地位最高，世代最早，管理天地的善神，由月亮光产生的"黑气"孕育出依古丁那恶神，即依格窝格的对敌[5]。抛开黑白的对立统一关系不谈，纳西族最初始的色彩观念一直与黑、白二元联系起来，表现为披肩设计上的大面积主导色彩，可见黑色与白色应该是纳西族人民最根源、最基础的色彩崇拜。

三、羊皮披肩局部装饰解读

羊皮披肩的局部装饰主要集中于两个部位：缀于衬布边沿的"星星"圆盘和背带末端的绣纹。虽然同样采用刺绣工艺，但前者是用五彩丝线进行辫绣，后者则是用黑色或蓝色丝线进行挑绣。

（一）强调"勇敢勤劳"的价值观

工艺精美的"星星"圆盘是丽江地区纳西族女性着装中最具特色的部分之一，七个披肩眼的圆心处又各自牵引出两根细长的麂皮流苏，称"优轺崩"。整体而言，横向等距排列的七个一模一样的圆盘本身就构成了反复；就每个小圆盘个体而言，对节奏感的重视体现在刺绣工艺的细节之处。刺绣圆盘采取半径不一的同心圆层层向外扩散的形式，但间隔并不统一，以避免单调感，最外层的彩色丝线营造出逆时针旋转的视觉动态效果，中间层的线圈运用大红、玫红、橘红等相似色，又以黄、绿、银等作为间隔，形成一种节奏性的停顿美感（图10）。圆盘的色彩搭配并没有统一规定，除去红、绿、蓝等鲜艳的亮色以外，年长的女性也会采用棕、褐、墨绿等较低调的颜色。值得一提的是，圆心中的两根流苏并不是以简单并列的形式一起穿出，而是一根中央劈开长约1厘米的小口，另一根再由小口中穿过。这种交叉设计一方面使两根流苏的下垂形态保持"先合拢再打开"的穗状美感，另一方面又能起到固定圆盘的作用。

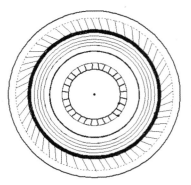

图 10 披肩上的辫绣圆盘

机器制作的刺绣圆盘装饰质量参差不齐，有的较真实地还原了手工圆盘的配色及形状设计，还在此基础上增加了纯色丝线的包边和打底，如图11（a），虽然完成度较高，但细节处理远不及手工制作的精细，同时，规整的圆形和大小同一的放射状丝线略显呆板，没有手工制作的灵动；有的质感和光泽与手工圆盘完全不同，如图11（b），其外层圆圈缝线线迹稀疏，彩色丝线较细，圆盘中间层配色单一，装饰简单，甚至省略了最内层的同心圆，露出大面积的圆形底布，破坏了各大小圆圈间的比例感。但是抛开细节而言，这些由机器制作的刺绣圆盘严格遵循了同心圆相互套叠的节奏规则，用集中性削弱了各圆圈之间的面积差异，在圆盘上构成了一种紧密关联的、色彩丰富的空间层次。

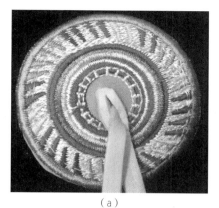

（a）   （b）

图 11　两种机器加工制作的圆盘

此外，最为传统的丽江纳西族女性羊皮披肩还会在七个小圆盘的上方左右两侧各缀一个直径约 10 厘米的大圆盘，其形制采用与小圆盘相似的同心圆，只是中心纹样分别绣有太阳和月亮，遗憾的是，两侧的大圆盘装饰在纳西族服饰文化漫长的发展过程中逐渐被省略了。

作为披肩重点装饰部位的圆盘，其背后的文化内涵有着多种解释，目前占据主流地位的说法是女性勇敢和勤劳的象征。一是，丽江地区纳西族流传着一个关于羊皮披肩由来的传说。传说很久以前天上本来只有一个太阳，但凶狠的旱魔却又故意放出了八个太阳危害人间，大地被九个太阳炙烤得寸草不生。一位名叫英姑的纳西族姑娘，身穿一件用鸟羽毛编织而成的"顶阳衫"自请前往东海请龙王。最终，她与旱魔搏斗了九天而牺牲，倒下后形成了"英姑墩"（即丽江），这时三多神出手相助，只留下一个太阳和一个冷太阳（即月亮），将余下的七个太阳捏成了七个星星，镶在英姑的顶阳衫上以资表彰[13]，这显然是对女性勇敢无私、不畏牺牲的高尚品德的歌颂。二是，新中国成立后就开始流行一种对妇女"披星戴月，勤劳贤惠"的赞美说法。小圆盘为星星，大圆盘为日月，流苏为星星放射出的光芒，即寓意纳西族妇女肩负日月，背负繁星，歌颂纳西族妇女"起早摸黑辛勤劳动的美德"[14]。身披羊皮披肩的纳西族女性希望得到日月星辰的庇佑，渴望温暖光芒的笼罩，更重要的是，她们对勇敢与勤劳的美好品德有不懈的追求。

（二）类比"手足亲情"的自然观

羊皮披肩的两根背带由白色棉布制作而成，称"优轭货"。挑绣而成的绣纹装饰（图 12）整齐且富有节奏感，由背带尾端的多层平行纹样与三角形末端的多翅蝴蝶纹样两部分构成。多层平行纹样的题材大致可分为四类：以多人携手纹为代表的人物、以蝴蝶纹为代表的动物、以荷花纹为代表的植物、以折线纹为代表的几何图形（图13）。这些纹样均为二方连续图案，每一层图案与下一层之间都以一根粗条纹隔开，首尾则用两道粗条纹构成对称式的强调。在携手纹图案中，双手张开的直立小人作为单位要素重复出现，表现出人们手拉着手的形态，可能是其传统舞蹈"打跳"的场景再现。在荷花纹与蝴蝶纹中，正向与反向的图案轮流出现，在水平方向上一正一反两个图案作为单位要素重复出现。在多层平行纹样的最后，一般设计有穗状的条形纹，一方面在视觉上呼应背带末端的三角形合拢，另一方面引出下方的蝴蝶纹样。蝴蝶纹样配合等腰三角形的外轮廓，大体呈菱形，左右两边完全对称，内部有双层的"回"字形镂空。蝴蝶的多层翅膀呈"V"字形，有实心三角形转角与弧形弯钩设计，由上至下形成等比例缩小的三次反复，同时，三层翅膀的外轮廓点

（a）携手纹

（b）蝴蝶纹

（c）荷花纹

（d）折线纹

图 12 披肩背带上的挑绣纹样　　　图 13 披肩背带尾端的平行纹样

（a）平行纹样

（b）蝴蝶纹样

图 14 机绣背带纹样

又位于下方菱形边长的延长线上，使整只蝴蝶呈现出完美的几何美感。采用机器刺绣的背带纹样（图14）远不及手工挑绣的精美，在题材上多采用简单抽象的几何纹，如矩形方块、折线、波浪线等，对于原本具象的图案也简化细节，只对其形状作抽象表达，如将荷花纹抽象成折线与"U"形的组合，将桂花纹简化成"X"形，等等。在多翅蝴蝶纹样上也进行了简化，弧形弯钩改为机械的折线弯钩，各层之间也不存在等比例缩小关系。但是，机绣背带纹样同样遵守了形式上的反复原则，其图案依然具备统一性与组织性，这已经带来了较强的视觉表现力，只是其神韵与手工图案相差甚远。

在纳西族的生态观中，"热爱"并不足以概括他们对自然世界的感情。他们将自然界称为"署"，在东巴经《休曲署埃》中就有这样的描述："很古很古的时候，署与人祖两人呀，好父亲哟是一个，好母亲哟是两个。"[15]可以看出，他们认为人类与大自然是同父异母的兄弟，杨福泉也曾指出纳西族"认为大自然和人都是有生命血缘关系的物质实体……还产生了祭大自然神'署'的仪式，称为署古"[16]。纳西族人民已然将自身与自然界的万物视为同根同源的生命体，将大自然拟人化并赋予其人格，在《创世纪》中，人类祖先利恩的兄弟姊妹们是"学着蝴蝶去作工，学着蚂蚁去作活"[5]的，这其中是充满大智慧的伦理自然观——人类与自然相互平等，类似于最亲密的血缘关系，相互帮助、相互依存才能和睦相处。这种自然观应用于披肩背带的设计上，就是人类群体的欢乐舞蹈场景与各式各样动植物纹样平行排列，亲密无间。

四、结语

丽江地区纳西族女性羊皮披肩是其非物质文化遗产服饰中的重要代表，在整体造型与局部装饰设计中都传递出纳西族特有的民族文化内涵与一脉相承的审美观念。整体造型方面，从结构安排中渗透着该民族对"七"的数字崇拜，从形制、廓型与材质的设计上表现出对立转化的原始辩证法思想，从色彩搭配中体现出对黑、白的色彩崇拜。局部装饰方面，无论是手工刺绣的还是机器加工的，七星圆盘与披肩背带都表现出该民族对勇敢、勤劳美德的强调，以及与自然"情同手足"的生态观念。时至今日，从心底对本民族非物质文化遗产发出的认同感与自豪感，正是丽江地区各年龄段纳西族女性仍然保留披用羊皮披肩这一服饰习惯的主要原因之一。

参考文献

［1］《中国少数民族》修订编辑委员会. 中国少数民族［M］. 北京：民族出版社，2009：515.

［2］云南省标准化研究院. 滇之锦绣：云南特有少数民族服饰考析［M］. 北京：中国标准出版社，2017：176.

［3］魏静，欧力. 论黄金分割与服装构成［J］. 纺织学报，2006（5）：51-52.

［4］和雪康，张智林. 人类学视域下纳西族数字研究——以"三""七""九"为例［J］. 文山学院学报，2019，32（5）：24.

［5］云南省民族民间文学丽江调查队. 创世纪：纳西族民间史诗［M］. 昆明：云南人民出版社，1978.

［6］吴卫刚. 服装美学［M］. 北京：中国纺织出版社，2000：137.

［7］马冬阳，周洪雷，王云仪. 服装非对称外轮廓设计的视觉均衡感研究［J］. 东华大学学报（社会科学版），2012，12（3）：196.

［8］李琳. 纳西族服饰之图腾遗存审美［D］. 北京：中国社会科学院研究生院，2003：20.

［9］杜娜，徐人平，李捷. 纳西象形文字中蕴含的线形艺术［J］. 民族论坛，2006（8）：30.

［10］刘文英. 从《创世纪》看纳西族的原始宇宙观念［J］. 哲学研究，1982（11）：66-71+25.

［11］黄元庆. 服装色彩学［M］. 北京：中国纺织出版社，2010：84.

［12］白庚胜. 纳西族色彩文化制约机制谈［J］. 云南社会科学，2001（1）：61.

［13］和品正. 纳西族羊皮服饰的寓意［C］// 郭大烈，杨世光. 东巴文化论集. 昆明：云南人民出版社，1985：306.

［14］陈莹. 解读纳西民族文化的密码——女性羊皮披肩［J］. 浙江纺织服装职业技术学院学报，2005（3）：14.

［15］和志武. 东巴经典选译［M］. 昆明：云南人民出版社，1994：111.

［16］杨福泉. 略论纳西族的生态伦理观［J］. 云南民族大学学报（哲学社会科学版），2008（1）：38.

02 非遗仡佬族刺绣研究①

张顺爱②，卞思瑾③

摘要： 仡佬族刺绣是仡佬族独具特色的刺绣工艺，是一份珍贵的文化遗产。本文通过文献阅读与实地调查相结合的方法，对仡佬族刺绣的工艺技法、纹样特征进行分析。仡佬族刺绣工艺多样，善用锁绣、打籽绣、平绣、镂空绣、钉线绣、挑花绣、布贴绣和直针绣等技法；其刺绣纹样侧面展示了仡佬族的生产活动、杂居特点，体现出仡佬族的图腾信仰，反映了仡佬族倡导天人合一、颂扬智慧勇敢、渴望幸福吉祥的价值观念。目前，仡佬族刺绣的传承不容乐观，需要刺绣传承人、手艺人更进一步挖掘和弘扬仡佬族刺绣的技艺和内涵。

关键词： 仡佬族；非遗；刺绣；纹样；传承

仡佬族刺绣是贵州省美术类的省级非物质文化遗产，是仡佬族历史和仡佬族文化的重要载体。仡佬族生活在山林之间，地形崎岖，交通闭塞，其生产生活在很大程度上受到自然的影响。因此在漫长的繁衍生息过程中，仡佬族对自然万物产生独特的感受和理解，他们运用本民族的智慧将自然万物绣在衣物之上，以此来表达他们对自然的崇拜和感恩。随着历史的演进，仡佬族刺绣成为仡佬族历史文化的载体，反映仡佬族的生活环境及其生活方式，同时体现仡佬族"万物有灵""天人合一"的哲学思想、智慧勇敢的民族精神以及渴望幸福吉祥、人丁兴旺的生活愿望。

① 中央高校基本科研业务费专项资金项目"文化软实力视域下楚雄彝族服饰非遗传承及创意发展研究"（项目编号：2232021G – 08）。
② 张顺爱，东华大学副教授，研究方向为少数民族服饰。
③ 卞思瑾，东华大学硕士研究生，研究方向为少数民族服饰。

一、仡佬族的刺绣工艺

由于诸多历史因素，仡佬族从坝区不断向山区迁徙，也因此产生了工艺简易、色彩贴近自然、图案较为简练的仡佬族刺绣。此外，仡佬族善用不同的绣法或多种绣法的组合凸显不同图案的特色，使得图案更加丰富、生动和立体。其中，仡佬族善用的针法有锁绣、打籽绣、平绣、镂空绣、钉线绣、挑花绣、布贴绣和直针绣等。

（一）锁绣

锁绣又称辫子绣，是中国最古老的绣法之一，它以圈针的方式使绣线形成一串串圆圈，盘在织物表面形成色区。仡佬族常以锁绣的绣法刻画具象的蝴蝶、藤蔓、花草等图案。这种绣法结实，不易被损坏，因此常出现在仡佬族的鞋面上。六枝特区的仡佬族妇女喜欢用橘黄色、玫红色和绿色的绣线组合，在鞋面上绣出蝴蝶或豌豆花图案，线条流畅圆润且较为结实（图1）。

（二）打籽绣

打籽绣是在传统的锁绣针法上演变而来的，是一种历史比较久远的锁绣针法，指将绣线打籽后绣在织物上，以一个个点形成色区后形成图案（图2）。[1]为了凸显花卉、果实的真实感和立体感，仡佬族多使用打籽绣来表现，同时在构图上讲究对称。仡佬族在使用打籽绣时，往往选择不同明度的绣线绣制同一物体，使得每粒籽在颜色上具有深浅的变化，图案更加活泼、装饰性更强。这种绣法多见于仡佬族的围腰上，以打籽绣的绣法描绘红嘴蓝鹊（三叉鸟）、石榴花、豌豆花等组合图案。

（三）平绣

平绣又称齐针，是仡佬族服饰上最常用的刺绣手法。平绣的特点在于线条排列规则、均匀、整齐，因此用这种绣法绣出的纹样图案往往绣面平整、线迹细腻。

图1 锁绣

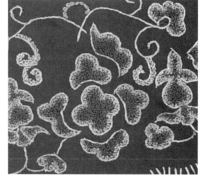

图2 打籽绣

平绣多见于仡佬族的上衣、下衣和围腰处，尤其是围腰的刺绣最为精美，主题多为植物和动物纹样（图3）。

（四）镂空绣

镂空绣是一种需要挖掉内部轮廓的绣法，通过镂空线条的组合形成图案纹样，是仡佬族最具特色的刺绣工艺。仡佬族妇女在采用镂空绣的绣法时，往往选择用明暗不同的同种颜色，绣制出栩栩如生的动物纹样，体现出淡雅、低调的效果。这种绣法常与平绣结合应用，常见于仡佬族的围腰、上衣和下衣处。

图4为遵义市红飘带文化有限公司的创始人张忠芳设计的头帕正面，结合了镂空绣、长短针绣、套绣、平绣、轮廓绣等多种绣法，绣制鹧鸪鸟与石榴花、豌豆花的组合图案。头帕先以镂空绣和平针绣的方式勾勒出鹧鸪鸟、豌豆花的外在轮廓和内里的肌理花纹；再用明度不同的褐色绣线以直针绣的绣法绣制鹧鸪鸟的羽毛，使得鹧鸪鸟的形象更加生动；最后采用长短针绣和套针绣的方式绣制叶片，使叶片呈现出明暗的变化。除此之外，在颜色的选取上倾向于选择颜色明度较低的颜色，使得绣品整体呈现出和谐的美感，营造出雅致、温和的氛围。

图 3 平绣

图 4 镂空绣

（五）钉线绣

钉线绣是将丝线按设计图案钉绣在织物上。主要是用两根针，一根针上的线作为主线，另一根作辅线，用辅线来钉住主线。在仡佬族的服饰上，钉线绣主要用作纹样的边缘修饰，常与贴布绣、平绣组合应用。如在围腰上的蝴蝶纹样的绣制中，蝶身边缘以蓝色绣线作为主线，粉色绣线作为辅线，勾勒出蝴蝶外形（图5）。

图 5 钉线绣

（六）挑花绣

挑花绣也称"十字挑花"，通过在麻布或者棉布的经纬线上用色彩不同的绣线绣出一个个小的十字，再由这些十字形构成完整的图案纹样（图6）。仡佬族服饰上的挑花绣始于明清时期，当时各地之间贸易频繁，人口流动的同时也带来了刺绣工艺。商人将外地的染布带入他们生活的地区，巴蜀的挑花绣也传到了这里。仡佬族妇女将这种绣法用于衣袖、裙腰、裤脚处。

（七）布贴绣

布贴绣是一种将其他布料剪贴绣制在服饰上的刺绣工艺，多与钉线绣和平绣相结合运用。布贴绣所绣图案往往比较简洁，以几何纹样为主，多装饰于胸襟、裙身处。遵义市播州区平正乡的仡佬族女子在盛装时，胸襟处装饰有平绣绣制的黑白相间的花卉图案，这些图案是以布贴绣的形式将整朵花绣于此处（图7）。

图 6 挑花绣　　　　　　　　　　　图 7 布贴绣

（八）直针绣

直针绣的针法是由垂直的线条组成，在仡佬族的服饰中体现出连续性跳针特点，通过跳针连续勾勒出线条的轨迹，这种绣法常与贴布绣、钉线绣、平绣相结合应用。在务川仡佬族苗族自治县的帽束上就有这种绣法。帽束主要由几块不同颜色的布拼贴而成，布与布之间用直针绣或钉线绣作固定，布上的图案多用平绣体现。图8中红色区域的多条直针绣不仅起到了固定作用，还起到了装饰作用。

图 8 直针绣

二、仡佬族的刺绣纹样

仡佬族的刺绣纹样体现仡佬族刺绣工艺精湛的同时，也蕴含着本民族的传统文化。其刺绣纹样均来自于仡佬族的所见所想，是在日常生活的基础上，对自然万物设计、创新、再创造的产物。因此，仡佬族的刺绣纹样在体现仡佬族生产活动的同时，也展现出仡佬族的审美意识和审美情趣，反映了仡佬族的宗教信仰以及迁徙的历史。

（一）反映生产活动的刺绣纹样

仡佬族是一个农耕民族，过去的生产劳作活动很大程度上受到自然的影响。爱德华·泰勒在《原始文化》一书中写道："对于原始人的部落来说，太阳和星星，树木和河流，云和风，都变成了具有人身的灵体，它们好像人或其他动物一样地生活，并且像动物一样借助四肢或像人一样借助人造的工具，来完成它在世界上预定的职能。"[2]仡佬族在与自然相处的过程中，想象并创造出了这些自然现象和动、植物背后的"神明"，他们将"神明"绣制成具象的图案纹样，以表达对自然的尊敬和崇拜。反过来，这些刺绣纹样也体现出仡佬族对自然的理解。

1. 石榴花纹和豌豆花纹

仡佬族多生活于山区，以种植石榴和豌豆为主。石榴和豌豆是贵州地区常见的植物，它们不仅是维持仡佬族生存发展的必需品，还是承载仡佬族多子多孙愿望的寄托物。仡佬族在"万物有灵"观念的影响下，将这两种纹样再设计、再创造。如图9中的直筒大裤裤面，上面有镂空绣和平绣相结合绣成的豌豆花图案；图10中的围腰上有运用打籽绣绣制成的豌豆花和石榴花的组合图案。

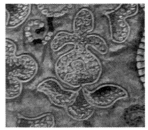

图 9 豌豆花纹　　　　图 10 石榴花纹

图 11 蜘蛛纹　　　　图 12 鱼纹

2. 蜘蛛纹

蜘蛛纹是仅在贵州六枝特区可见的刺绣纹样。据六枝特区民族与宗教事务局办公室主任何容芬的介绍，仡佬族先民早期是用树皮遮蔽身体，他们偶然发现蜘蛛会在树上织网来保护自己。通过观察，先民运用蜘蛛织网的方法学会纺织。在学习纺织的过程中，仡佬族人渐渐产生了对蜘蛛的崇拜之情，因此设计了蜘蛛的图案以表示对它的崇拜。同时，因为蜘蛛勤于织网，所以仡佬族也以蜘蛛纹展现人民不辞辛苦、辛勤劳动的精神。在六枝特区居都村的女子围腰上有红色细线绣制的蜘蛛花纹（图11）。

3. 鱼纹

鱼纹是指包含鱼与其他内容组合而成的纹饰，源于仡佬族的生活方式。根据李宗昉《黔记》记载："水仡佬亦名仡兜苗，在施秉、余庆等属。善捕鱼，隆冬犹入深渊不畏冷。男子衣服同汉人，妇人细褶长裙，婚姻丧祭俱循汉礼，知法畏官"[3]，可知水仡佬傍水而居且以捕鱼为生。这种捕鱼的生活方式是水仡佬创作艺术的源泉，并通过自己的认知和理解，创造设计出鱼纹样。除此之外，鱼是"余"的谐音，寓意年年有"鱼"，代表吉祥。因为鱼还具有很强的繁殖能力，所以鱼纹样成为仡佬族祈求人丁兴旺的一种表现形式。他们将鱼纹绣于衣物上，如图12中的围腰上就有采用镂空绣绣制的以鱼身、蝴蝶的翅膀和触角相结合的组合图案。

4. 鸟纹

根据仡佬族刺绣中鸟纹品种的不同，可分为鹧鸪鸟、红嘴蓝鹊和公鸡。其中，鸡纹在历史的进程中又渐渐衍生出凤凰纹。

鹧鸪纹是丰收的象征，反映仡佬族的生产劳作活动。仡佬族先民在劳作时，常有鹧鸪鸟在树间发出鸣叫，久而久之便把鹧鸪鸟视为带来丰收的祥瑞之兆，因此仡佬族喜欢使用鹧鸪鸟的刺绣纹样装饰衣物。道真仡佬族苗族自治县的仡佬族围腰，经常可以看到用红色、绿色和白色的绣线组合缝制的豌豆花、蝴蝶和鹧鸪鸟的图案，寓意丰收（图13）。

红嘴蓝鹊纹是幸福吉祥的象征，代表着仡佬族对幸福生活的向往。因为红嘴蓝鹊的尾部看似有三条尾巴，所以当地人称之为三叉鸟。三叉鸟是神话传说中西王母取食传信的神鸟，具有吉祥幸福的意味，因此仡佬族将三叉鸟视作神鸟，并将鸟的形态进行设计绣于衣物上，以代表对美好生活的渴望（图14）。

图 13 鸟纹（鹧鸪鸟）　　　　图 14 鸟纹（红嘴蓝鹊）

鸡纹是丰收安宁的象征，是仡佬族勤劳勇敢的体现。鸡在过去是仡佬族生产劳作的必需，鸡每日的鸣叫对仡佬族先民来说是一种报时，这种说法来源于仡佬族的神话故事《公鸡唤日》。[4]鸡纹代表着仡佬族的辛勤劳作，同时也寓意着丰收。随着历史的发展，鸡纹又慢慢变成凤凰纹。如仡佬族直筒大裤上用白色绣线绣制的豌豆花纹和公鸡的组合纹样，寓意着丰收、安宁。

5. 云纹和曲水纹

云纹和曲水纹是仡佬族对自然的理解，代表仡佬族对自然的尊敬和感恩。云和水是仡佬族生活环境中不可忽视的两种自然之物。云的瞬息万变带给人无限的遐想，成就各种不同的天气，人们以云的形态、数量判断天气的阴、晴、雨、雪。如图15所示的贯首服，胸襟两侧有运用布贴绣绣制的祥云图案。

水流动的形态出现在仡佬族生产活动的各个角落，它们都在仡佬族生存发展过程中起着重要的作用。此外，仡佬族的曲水纹不同于其他民族的刺绣，是由水波和花朵组成，其刺绣上的银饰代表着花朵，是区分家庭富裕程度的重要标志（图16）。

图15 云纹

图16 曲水纹

图17 竹纹a（单独纹样）

（二）反映图腾崇拜的刺绣纹样

在"万物有灵"观念的影响下，演变出了氏族血缘关系的图腾崇拜、民间流传的神话故事等精神文化。仡佬族进一步将这种精神文化具象化，设计成刺绣纹样装饰于各种面料上。仡佬族的竹纹、葫芦纹都是体现仡佬族氏族血缘关系的刺绣纹样。

1. 竹纹

竹纹作为仡佬族喜用的纹样，体现仡佬族的图腾崇拜。竹来源于历史传说故事，两千多年前，仡佬族先民建立了夜郎国。《后汉书·南蛮西南夷列传》中记载："夜郎者，初有女子浣于遁水，有三节大竹流入足间，闻其中有号声，剖竹视之，得一男儿，归而养之。及长，有才武，自立为夜郎侯，以竹为姓。"[6]因此有夜郎王出生于竹，以竹为姓的传说。这里所指的"姓"并不是现代汉语概念中的一家一户的"姓"，而是整个氏族共同的名号，也可称之为"图腾"。[7]仡佬族以仡佬语自称"glao"的汉文记音而得名，他们称竹为"仡佬"，因此"仡佬"可以指仡佬族人，也可以指"竹"。仡佬族认为民族的发展得益于祖先，夜郎国的竹王是自己的祖先，而他们的祖先靠竹子而活，因此竹成为仡佬族的图腾纹样。

竹的生命力旺盛、繁殖迅速，这让仡佬族先民联想到："竹是一个超乎季节变化、永恒的、神圣的生命住所。"[8]他们希望通过对竹的信奉和崇拜，得到某种神秘力量的庇护，保佑他们像竹一样拥有旺盛的生命力和繁殖力。

竹的运用往往以写实形态出现，其刺绣纹样主要有单独纹样、适合纹样和连续纹样三种。作为单独纹样时，用绿色绣线绣制竹的图案，并以贴布绣的方式绣制于仡佬族的帽子上（图17）；作为适合纹样时，竹纹绣于几何轮廓中，或与花卉图案组合勾勒于几何轮廓中（图18）；作为连续纹样时，竹纹往往与花卉纹样交替构成连续图形（图19）。

图 18 竹纹 b（适合纹样）　　图 19 竹纹 c（连续纹样）　　图 20 蝴蝶纹

2. 葫芦纹

葫芦的外壳坚硬，在仡佬族的日常生活起到器用的价值。在仡佬族中一直传唱着神话古歌《兄妹成亲》[9]。古歌讲述了仡佬族的起源，传这里的先民最早是一对兄妹，躲在葫芦之中才得以在洪水中存活下来。因此，在仡佬族的信仰中葫芦是诞生始祖的母体，是先祖灵魂的归宿地。出于对葫芦的信仰和崇拜，仡佬族人将葫芦纹样绣于衣物上，祈求福寿绵延、多子多孙。

（三）反映民族交融的刺绣纹样

随着与其他民族交流的深入，仡佬族吸收了各民族的纹样图案，开始重新组合、设计。蝴蝶纹、鹿纹、万字纹都是受到了其他民族的影响而产生。这些纹样反映出仡佬族与其他民族交融杂居的特点，促使仡佬族民族文化更加多元和丰富。

1. 蝴蝶纹

蝴蝶纹样是苗族的图腾纹样，苗族先民把蝴蝶称为"妈妈"，希望自己的村寨安宁、人丁兴旺。他们将蝴蝶的图案缝制于服饰上、制作成各种银饰，以表达对蝴蝶图腾的崇拜。仡佬族在与苗族交流、交融的过程中，受到苗族信奉蝴蝶的影响，也以绣制蝴蝶祈求本民族平安健康、多子多孙。不同的是，苗族的蝴蝶纹样多为左右对称的静态图案，仡佬族则注重于刺绣纹样的动态美，如仡佬族围腰的腰带上，就有运用平绣勾勒出的动态的蝴蝶纹样，蝴蝶翅尾向右侧倾斜，像是在迎风飞翔（图 20）。

2. 鹿羊纹

鹿羊纹是指羊头与鹿身的组合图案。据了解，仡佬族先民早在秦汉时期就因为丹砂交易而与中原地区维持商贸往来，中原的刺绣和纹样也因贸易进入到仡佬族的生活地区。因为"鹿"通"禄"，有"福禄"之意，其中鹿骨还有辟邪的功能，所以鹿作为汉族的吉祥图案进入了仡佬族的视野。仡佬族将本地的"羊"看作"鹿",认为"羊"也具有福禄之意,因此结合出现了鹿羊纹。鹿羊纹是仡佬族与汉族紧密联系的例证,充分展现了仡佬族的生产生活。"鹿羊口含豌豆花"的组合图案灵感源于西周时期的"鹿衔灵芝",在仡佬族哭帕上可以看到采用镂空绣绣法绣制的鹿羊含豌豆花图。图案被组织在圆形的轮廓线内,四周围绕着四只不同样式的蝴蝶(图21)。

3. 万字纹

万字纹代表着太阳崇拜,象征吉祥。据考古学发现,"卍"(万字纹)是由"+"字符演变而来,"+"代表阳光射向东南西北四个方向,[10]这在《中国象征文化》一书中也有记载:"'+'一是意味太阳崇拜,二是意味生殖崇拜,因为'+'有阴阳相交的象征意义。"[11]仡佬族是一个农耕民族,其早期的劳作生活很大程度上受到太阳光照的影响,光照的强弱会直接影响植物的生长。如果光照过于强烈,持续的干旱会导致旱灾;如果缺少光照,会导致植物生长速度减缓或者过早枯萎;如果阳光适宜,则能促进植物良好生长,获得丰收,让仡佬族人民免受饥饿的困扰。因此仡佬族在衣物上绣制万字纹来表达对太阳的崇敬之情和感恩之意。

据笔者了解,当前在我国出土经考证的万字纹主要是在湖南、青海等地,因此笔者认为万字纹并非仡佬当地原有的纹样,而是在与其他民族交流过程中出现在服饰上的纹样。如图22中的仡佬族袖套,袖面绣制着四个对称的万字纹和花草纹,规则排列于袖口处。

总体来看,仡佬族的刺绣纹样以动物和植物为主,这是因为仡佬族多生活在深山丛林间,植被覆盖率高,动物较多,通过对自然的观察、理解,将他们的所见、所想通过各种刺绣工艺,制作成各种不同形态的刺绣纹样。此外,几何纹也出现在仡佬族的部分衣物上,多以自然景观为参照,是仡佬族基于对自然观察的基础上,通过对称、变形等手法表现出来。仡佬族的刺绣纹样体现了仡佬族与自然相处的生

图 21 鹿羊纹

图 22 万字纹

活环境，展现了仡佬族农耕劳作的生产方式，反映了仡佬族图腾崇拜和自然崇拜的原始信仰，代表了仡佬族祈愿生活幸福、人丁兴旺的美好愿景。

三、仡佬族刺绣中体现的价值观念

仡佬族最初的刺绣是对其生产活动的记录、审美价值的体现。随着社会的发展，其刺绣图案越来越丰富，图案形态也越来越多样，在保留本民族传统文化的基础上向着多元的方向发展。

（一）倡导天人合一

仡佬族历来倡导自然和谐的"天人合一"思想，仡佬族的天人合一思想强调"天、地、人"三者的统一。这种思想在仡佬族的古歌、古词中也有所体现。如《开天辟地》中有一段拟人的描写："天底下，像人一样，泥土，是地的头，土坡，是地的头颅，木草，是地的毛发，水坑，是地的眼睛，岩洞，是地的耳鼻，岩脚口，是地的口唇，弯弯的山，是地的眼睛，掩饰，是地的骨头。"[12]

（二）颂扬智慧勇敢

仡佬族的刺绣纹样往往运用多种绣法组合而成，其纹样记录着他们的生产劳作活动、渔猎生产活动以及其他神话故事和民间传说。这些刺绣纹样象征着仡佬族的勤劳和智慧，也是仡佬族审美倾向的表现。

（三）象征吉祥幸福

仡佬族创造的鹿羊纹，不仅是对其他地域刺绣纹样的一种模仿，更是对鹿纹背后的文化内涵的吸收。他们还会在方形头巾上绣制仡佬族哭嫁的场面——女儿坐在喜轿中，轿外有人吹锣、有人打鼓，形象简洁但极具生活气息。这些刺绣纹样都展现出仡佬族人民渴望幸福生活的心理写照。

四、仡佬族刺绣的传承与发展

目前，仡佬族刺绣的传承与发展情况不容乐观。一是擅长仡佬族刺绣工艺的人越来越少，刺绣工艺逐渐衰落；二是仡佬族地区文化传承令人担忧。现在，对仡佬族刺绣纹样的传承主要在于将仡佬族刺绣应用于文创产品设计和现代时装设计上，通过文创产品和现代时装展现仡佬族刺绣的文化内涵和民族精神。不论是文创产品，还是现代时装，其设计都遵循体现仡佬族刺绣文化精神、体现实用性、富有情感化、遵循可持续发展理念的原则。[13]

（一）仡佬族刺绣文创产品

香包是农耕文化的产物，它既有实用功能，又能寄托人们美好的祝愿。仡佬族刺绣手艺人张忠芳以古籍的造型为灵感，设计出香包的整体外形，再运用仡佬族的鹿羊纹样和豌豆花纹样作为香包的主体图案，最后采用仡佬族常用的刺绣方法——镂空绣勾勒出主体图案；在色彩上，香包的配色也遵循仡佬族服饰的传统颜色，以明度较低的红色和青色分别作为两款香包的底色，整个香包体现古朴韵味的同时，传达出仡佬族崇拜自然的精神文化内涵（图23）。再如多功能收纳袋的设计，以仡佬族的哭嫁场面为主题图案，结合鼠年的时代特征，将哭嫁的主角设计成鼠的样子，再将轿子的顶棚设计成豌豆花的模样，最后以镂空绣的刺绣方法体现出来（图24）。收纳袋分前后两层口袋，正面的口袋可以放钥匙、零钱等随身物品，后面的口袋正好可以塞下手机。总体来看，收纳袋的多功能体现了设计的实用功能，收纳袋表面的纹样装饰体现了设计的审美内涵。除了香包、收纳袋等小物件，仡佬族刺绣还运用在箱包等大型收纳物品的设计上。

图 23 香包　　　　　　图 24 多功能收纳袋

（二）仡佬族刺绣现代时装

在现代服装设计方面，主要是在仡佬族的传统服饰形制基础上，调整服饰的廓形，同时将时尚面料与仡佬族传统纹样结合起来，衬托出优雅的气质。张忠芳设计的现代服饰以仡佬族的贯首服和半身式围腰形制为灵感，运用韩国面料制作现代服装，在上衣的胸襟处以贴布绣和平绣相结合的方式绣制石榴纹，将整株石榴的图案限定于菱形的轮廓线内，在下方坠八吉编织流苏荷包。上衣的衣摆处拼接一块三角形围腰，围腰中间开一口袋，用于存放物品。下衣保持传统的直线裤型，设计了纯色直筒九分裤。头戴用方巾围成的头帕，头帕上运用平绣和镂空绣两种手法绣制鹧鸪鸟和豌豆花的组合图案。服饰整体造型仍体现出仡佬族服装的形制，同时运用了仡佬族的传统纹样刺绣，体现出素雅的特点。此外，服装的廓形更贴合人体，突出身材、体现时尚的特色（图25）。图26是以仡佬族的老照片为灵感设计的现代服饰，上衣以老照片上仡佬族妇女穿的宽大、长至膝盖的套衫为形制依据，在胸襟处采用镂空绣的绣法绣制象征汉族与仡佬族交流融合的鹿羊纹样，纹样的周身以圆形为轮廓绣制豌豆花纹。下衣是以现代面料欧根纱制作的短裙，裙摆处有豌豆花纹和几何纹样，这套服饰整体上更具现代服饰的特点。

总体来说，目前对仡佬族刺绣工艺和刺绣纹样的传承还处于新兴发展阶段，其设计更多是围绕挖掘仡佬族本源、展示仡佬族民族文化，其设计作为商业宣传手段的做法还比较少，因此对其刺绣的传承与创新还需手艺人、传承人们更进一步的挖掘。

图 25 仡佬族现代服装设计（1）　　图 26 仡佬族现代服装设计（2）

五、结语

非遗仡佬族刺绣是仡佬族文化的表现形式之一，其刺绣具有本民族的鲜明特色。仡佬族刺绣不仅体现出仡佬族刺绣工艺的精湛，刺绣纹样独具特色，它还表现了仡佬族的审美意识和审美追求，包含了仡佬族对自然与生活的见解，构成了仡佬族的民族文化内涵。仡佬族善用平绣、锁绣、镂空绣、钉线绣、打籽绣、贴布绣等多种绣法绣制纹样，其刺绣纹样的特征主要有三种，一是展现仡佬族的生产活动，二是体现仡佬族的图腾崇拜，三是反映仡佬族与其他民族交融杂居。同时，仡佬族刺绣传达出仡佬族倡导天人合一的哲学思想、颂扬智慧勇敢的民族精神、渴望幸福吉祥的生活愿望。但如今，对仡佬族刺绣的传承工作不容乐观，现阶段对其刺绣的传承更局限于对传统文化的展示，受众较窄，商业价值较低，其民族文化的弘扬具有一定的局限性。仡佬族刺绣还需要社会和学界更多的关注，需要仡佬族刺绣手艺人、传承人更进一步去挖掘。

参考文献

［1］黄敏婕，李欣华. 打籽绣技艺研究及现代创新设计［J］. 丝绸，2019，56（10）：61-66.

［2］爱德华·泰勒. 原始文化：神话、哲学、宗教、语言、艺术和习俗发展之研究［M］. 桂林：广西师范大学出版社，2005.

［3］李宗昉. 黔记［M］. 上海：商务印书馆，1936.

［4］李晓静. 仡佬族创世神话古歌的文化解读［J］. 贵州民族研究，2010，31（4）：57-61.

［5］张泽洪. 中国西南的仡佬族及其宗教［J］. 贵州民族研究，2015，36（12）：194-199.

［6］范晔. 后汉书［M］. 北京：中华书局，1965.

［7］政协务川自治县委员会宣教文史委. 仡佬之源 务川文史资料第十辑［M］. 务川：政协务川自治县委员会宣教文史委，2005.

［8］王平. 南方少数民族竹崇拜的起源及特征［J］. 湖北民族学院学报（哲学社会科学版），2001（4）：21-25.

［9］于洋. 中国传统吉祥纹样葫芦纹研究及其应用设计［D］. 青岛：青岛大学，2020.

［10］安泽宇. 卍的起源与演变［J］. 艺术科技，2017，30（6）：228+240.

［11］居阅时，瞿明安. 中国象征文化［M］. 上海：上海人民出版社，2001.

［12］张勤. 夜郎文化中的濮——兼论濮人对仡佬族文化的影响［J］. 民族文学研究，2007（2）：105-110.

［13］郁波. 文创产品符号学视域下的非遗文化传递模型研究［J］. 文学教育（上），2021（1）：152-153.

03 布依族织锦工艺调查与纹样分析

艾新玥①，王乐②

摘要：布依族织锦是在布依族先民长期的生活劳动实践中形成并发展的，目前对其传统手工技艺缺少研究和保护。通过实地调研与文献资料相结合的形式，本文对布依族传统织机及其各部件的尺寸和功能进行了研究，梳理了布依族织锦的工艺流程，分析了其织物组织，并对织锦纹样进行了剖析。本文展示了布依族织锦深厚的艺术魅力，有助于布依族织锦被更好地了解、保护与传承。

关键词：布依族；织锦；织机；织物组织；纹样

布依族是我国西南部一个较大的少数民族，在贵州省的人口最多，自古以来就在我国南北盘江、红水河流域及其以北的地带繁衍生息。布依族族源为百越族系中的一支骆越人。百越分布于中国西南各省，其中在贵州南部的被称为"骆越"。[1]布依族纺织技术起源很早，从布依族古歌《造棉造靛》歌词："捡来野花花，姑娘就捻线，线子挽成团，就把布来编。"[2]可看出布依族很早便将采集来的野棉花编织成布。布依族民间织锦被布依族人称为"读纳"，多用于妇女头帕、衣袖、衣领、围腰等的装饰或是用于制作帐帘、被面等。[3]在现代经济高速发展的今天，布依族传统织锦制作因其工艺繁复、效率低下，难以适应社会经济发展的需求。布依族织锦正陷入技艺失传与难以实现合理经济产业开发的困境。

---

① 艾新玥，东华大学硕士研究生，研究方向为少数民族服饰。

② 王乐，东华大学副教授，研究方向为服装史论。

一、布依族织锦工艺

（一）织造原料

布依族民间织锦常采用棉纱织造或棉纱与丝线混合织造，混合织造时通常以较为牢固的棉纱作为地组织用料，而以色泽亮丽且较为贵重的丝线编织花纬。布依族地区种植棉的时间较晚，明代才引进了种棉技术，到清代大量种植棉花，加之1742年（乾隆七年）清政府"立法劝民纺织"，大大促进了布依族棉纺织业的繁荣和发展。[4] 现如今，化纤材料因其价格低廉、色彩牢固而成为布依族织锦的主要用料。

（二）传统织机

布依族传统织机为踏板水平织机，机身由机台和机架两部分组成，整体呈直角梯形。机台前端设有坐板，后端承接机架。裹于羊角上的经纱从机架后梁出发，垂直下降到下方梁柱后向斜上方转向到达分经杆，而后通过地综、钢筘到卷布轴。筘装在摆杆上，借助摆杆的重力和惯性来打紧纬纱。地综有两片综、四片综不同的形制，由上下各两根竹杆作为架构，其间穿插众多综丝。地综用绳与脚踏板相连。在调研过程中，笔者对镇宁布依族苗族自治县扁担山乡布依族传统织机的尺寸进行了详细地测绘，标注了织机各部件示意、尺寸及用途，见表1和图1。

表 1 布依族织机部件

序号	名称	材质	尺寸 / 厘米	用途
1	机架	木质	长 144，宽 77，高 133	支撑织机各部件
2	分经杆	木质	长 56，直径 0.8	将经线分层
3	地综	竹质	长 46，宽 17，直径 0.7	提起经线，改变经线开口
4	脚踏板	木质	长 27，宽 6.2，厚 0.9	利用杠杆原理，踩脚踏板地综下压
5	筘	钢质	长 46，宽 12，厚 0.6	控制经线密度和纺织物宽幅，还具有打紧和梳理线的作用
6	卷布轴	木质	长 73，直径 5	收卷织好的织物，内设一处凹槽，可放置用于固定卷布轴的停经杆（长 24 厘米，宽 1.7 厘米，厚 1.2 厘米）
7	梭子	木质	（大）长 45，宽 5，厚 3.8；（小）长 37，宽 4.7，厚 3.5	呈手柄状，中间挖空一块矩形凹槽来放纬线团
8	挑花片	竹质	长 48，宽 2.7，厚 0.5	两端较尖，用于挑起经线，穿插五彩的丝线
9	鱼儿	木质	长 27.3，宽 1.7，高 25.5	下连地综和脚踏板，用于提经的联动装置
10	羊角	木质	长 86，直径 5	中间为圆木，左右两端对称安插两组木条（长 41 厘米，宽 2.5 厘米，厚 1.2 厘米），用于送经

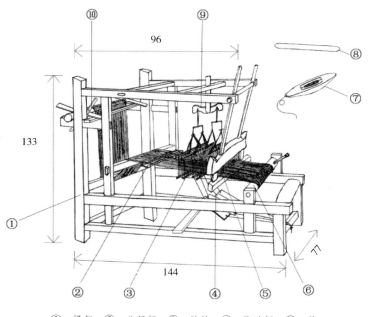

①—机架；②—分经杆；③—地综；④—脚踏板；⑤—筘；
⑥—卷布轴；⑦—梭子；⑧—挑花片；⑨—鱼儿；⑩—羊角

图 1 布依族传统织机（单位：厘米）

（三）织造流程

在长期的实践与发展中，布依族建立了完整的织锦工艺体系，其工艺流程主要包括纱线处理工艺、整经穿挑工艺以及上机织造工艺。纱线处理工艺是重要的前期准备工作，成纱质量直接影响到织成棉布的质量。纱线处理工艺具体包括轧棉，弹棉花，卷筳，纺纱，挽纱，浆、煮、染纱以及络纱工艺。对于染纱（色）工艺，目前大部分布依族手工艺者选择直接购买化学染色商品，但仍有部分布依族人沿用传统的植物染色工艺。笔者在调研中了解到，在镇宁扁担山地区的布依族，不仅传承了传统的植物蓝靛染色技艺，还根据自身所处的生态环境，有效利用当地特有植物作为主染源，染成蓝色调、黄色调、红色调三种类型的色彩。蓝色调染色和贵州绝大多数的少数民族一样，以马蓝作为主要的制靛植物。[5]制靛时将清理后的马蓝叶放入染缸，加入米酒与白草根混合成的药酒浸泡至发酵，具体时间依据当地温度而定，一般为 5～8 天（冬季或长至 15 天）。待叶子腐化完全后，往缸内加入石灰水并开始打靛，足够蓝时，便停止打靛。无论染什么颜色的棉线，在染色前，都需要将线用清水浸泡一夜，让其更易着色。染蓝色时，只需将湿润的棉线放入靛蓝染缸，根据所需要的颜色确定染色的时间，一般 3 天即可呈现理想的蓝色。黄色调染色用十大功劳（当地也称老虎刺）作为植物染源，取其树干劈成细条，加入清水浸泡一小时，待水变为黄色后再以小火加热，边加热边放入棉线即可染色。红色调需要"沙包卵"

树与乌蕨两种植物组合染色。"沙包卵"树是生长于当地的独特乔木，叶呈对称卵形，树干带有白色小斑点，树心为酱红色，越高大的树其树心颜色越重。[6]染料的制作过程是将树心处理成长条状后加入清水用大火煮沸，待水冷却到常温后捣碎乌蕨，将乌蕨与煮过的水混合置于染缸发酵 3 天后即可用于染色。主要的织锦材料棉纱准备好之后，即可进行整经穿挑，包括牵线、穿竹箭、翻告与收线、滚经线、穿综、穿钢箭等工序。此后上机织造时，地纬采用的是织平纹布的方式，以脚踏板牵综升降，牵动经纱形成开口，以梭子引纬，用箭压打纬，推箭于前，再踏另外的蹑开口，引纬、打纬，如此循环往复。编织布依锦的花纬时，需要两根挑花片，第一根挑花片立于钢箭前用于经线分层，第二根用来挑起图案所需的经线，全部挑好后，将第一根挑花片放平，第二根挑花片立于第一根挑花片前，使得挑的线根根分明。之后用手在挑起的线中插入彩色的花纬，再打紧地纬。这样的织锦方法得到的图案是背面显花的，因此在织机旁都会放一面小镜子，作检查图案用。织锦织了一定的幅度后，用当地的山药涂抹在织锦的正面，利用具有黏性的山药使花纬粘住。总体而言，布依族织锦的织造过程相对简单，没有提花装置，采用通经回纬工艺，通过手工挑花完成。织造时无需花本，纹样全凭织造者的记忆织出。

二、布依族织锦的组织结构

布依锦地纬采用的是平纹组织，它是由经、纬纱一上一下相交织而成。平纹组织的特点是结构稳定，手感坚实，所得的织物结实耐用，体现了布依族注重实用性的特质。布依族织锦均是纬重组织，纬线分地纬和花纬两种。经线多使用黑色（深蓝色），地纬用色与经线颜色类似（或相同），不易被看出，花纬色彩丰富多样。布依族织锦属于熟织挖花织物，织成后无需染色、印花，直接作为最终成品（图2）。

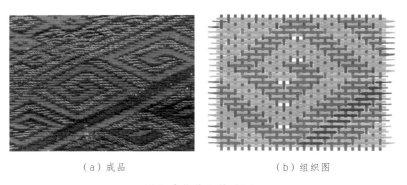

（a）成品 　　　　　　　　　（b）组织图

图 2 布依族织锦（1）

三、布依族织锦纹样

（一）形态结构

布依族织锦整体上是一块矩形织物（图3）。根据织锦装饰部位的不同，其宽窄也会有一定的差异，如装饰领襟的织锦较窄，装饰衣袖的就较宽。从整体上看，织锦图案是由多个单独

图3 布依族织锦（2）

的纹样在一定的区域内构成的组合纹样。中间部分为主体图形，也是花纹最为密集、变化最多的部分，主要采用菱形化的构图风格。菱形骨骼的形成是布依锦的织造工艺特点所造就的。由于布依锦的地组织为厚实耐用的平纹组织，加之通经回纬工艺的使用，花纹需依地组织的走向。受布依锦横向与纵向两种走向的局限，必然会出现水平垂直纹理和斜线纹理两大类。斜线纹理之下，必然又会产生三角形与菱形两种主体形状。菱形结构以其对称均衡的形式美感，成为布依族人最为喜爱的构图方式，在菱形的大框架内进行填充织造，或有规律地重复组织排列菱形格，使单元图形整洁有序、协调整齐，呈现和谐统一的视觉效果。在主体纹样的边缘部分，装饰有谷粒纹、波浪纹、山纹等纹样，且装饰面积小，与中间主体纹样大小比例上形成差异，起到灵活的点缀作用。在布依锦的最外沿部分，通常是几条纯色的色带，或明或暗、色彩不一，各色带接合处又用不同颜色的色线缝合。单一的外缘与主体丰富的图案产生鲜明对比，使整幅作品不过于繁琐复杂，而是具有层次差异。

（二）色彩运用

布依族在色彩运用上，显示出对色彩独到的把控和见解能力，也体现出了该民族的审美趣味和性格特征。布依族织锦色彩的一大特征是经线和地纬通常用黑色或黑青色，织造时，很少将深色的底色显露出来，只看到彩色的纹样。布依锦织锦色彩的另一特征是用色大胆，具有强烈的装饰意味，其中喜庆炙热的红色出现比例较高。如布依族背扇织锦，以玫红色与天蓝色为主色，两者为对比色，设色大胆，充满着向上的力量。虽设色明丽、对比醒目，但相同的色彩疏密有致、或紧或散，不同色块之间距离得当，用色繁复却不失有序。

与此同时，布依族色彩承载着该民族独特的礼俗观念。如镇宁扁担山一带的布依族，新婚的布依族新娘嫁衣上的织锦装饰色以艳丽的红色为主，搭配部分蓝色，对比强烈，表现出新婚的喜庆与吉祥，也象征着新人热烈的爱情和对婚姻幸福的追求。若结婚后家中有亲人不幸过世，布依族女性就必须换上虽款式相同，但将织锦配色由红蓝搭配为主变为黄蓝配色为主的服装，此服装即是孝服。

（三）纹样题材解读

布依族艺术表达的主题来自他们生活的自然环境和社会生活的各个方面，根据客观世界的物象特征，经过想象与加工，以大胆简化、抽象变形等手法处理后形成纹样。布依锦图案虽抽象写意，但直观反映出该民族丰富的传统文化信息，充分展现了布依族的生活风尚与审美情趣。根据笔者田野调查结合贵州省民族博物馆馆藏布依族织锦整理发现，织锦纹样一般不是单独存在的，而是相互组合，共同构成了布依锦的独特艺术语言。布依族织锦纹样按题材可划分为几何纹、动物纹、植物纹、人物纹、器物纹五大类（表2）。

1．几何纹

布依族织锦纹样中几何纹种类最多，其中又以菱形纹为主。常见的布依族锦菱形纹可分为四个型。第一型小菱形纹较为简单，由两个菱形嵌套而成，或在内部的

表 2 布依族织锦纹样分类表

题材类别	基本类型	细分类型	示例	题材类别	基本类型	细分类型	示例
几何纹	菱形纹	小菱形纹		动物纹	龙蛇纹	龙蛇之子纹	
		嵌套菱形纹				龙须纹	
		方胜纹				蛇鳞纹	
		复合菱形纹			凤鸟纹	凤纹	
	卍字纹					羽翼纹	
	三角纹	屋顶纹			蝴蝶纹		
		山纹			鱼纹		
	X 型纹			植物纹	花卉纹	八角花纹	
	波浪纹					花瓣纹	
	云雷纹				谷粒纹		
人物纹	人形纹	单人纹		器物纹	宝葫芦花瓶纹		
		双人纹					

小菱形中又添加四个小圆点。第二型嵌套菱形纹同样是通过菱形嵌套而成，与第一型的区别在于其嵌套的菱形数量多，且嵌套方式为多个菱形等比例缩放，或在一个大菱形内有四个相同的小菱形呈十字对称排列。第三型由两个菱形纹叠压相交，名谓"方胜"。相交方式有两种，一是相交于钝角的一边，一是相交于锐角的一边。第四型复合菱形纹是由多个大小不一的菱形按照某一种有规律的造型方法组成完整的图案，或在中间一个菱形纹的四个顶点分别附有四个小菱形，又或者以中间一个菱形作为骨架，在其外圈边沿线处分布多个小菱形。除菱形纹外，还有其他丰富的几何纹样，它们通常线条简洁清晰，质朴有力，或以最精炼的形式概括物体的特征。如三角纹以连续排列的正三角形表示连绵起伏的山峦，又如波浪纹以上下起伏的曲线来表现自然界的波浪。除此之外，几何纹中的卍字纹在布依族纺织品中作为带有吉祥含义的图案出现。

2．动物纹

布依锦中的动物纹样主要有龙蛇纹、凤鸟纹、蝴蝶纹和鱼纹。龙蛇纹中的龙蛇之子纹样是布依族特有的纹样，它有两种表现形式：其一是由中间一根波纹状粗线条与两侧起伏处的若干小圆点组成；其二是两条波纹状粗线条，一条波纹向上，另一条向下，两条线首尾相接，在中空处和线交叉处有若干小圆点。其中长线条代表蛇（龙），象征着母亲，而小圆点代表着子嗣，若干小圆点则表达了多子多福的美好期望。凤鸟纹样通常以抽象的形式表现，有的凤纹头部冠状造型夸张，颚下肉髯的比例较大，背部凸起与足部连接，颈部有一圆圈接连着尾翼的三条卷状曲线，左右翅膀大小不一，右侧较大，由四条竖直向下的线段组成，左侧则由四条向左下倾斜的线段组成，均呈小梳子形。也有极度简练的小凤凰纹，仅由中间一个菱形和四条左右对称的回勾折线构成。

3．植物纹

植物纹主要有花卉纹和谷粒纹两种。花卉纹中的八角花纹在布依族手工艺品中十分常见，是由向外呈放射状的八个小三角形构成；花瓣纹由相连接的半圆形组成。谷粒纹是以小圆圈纹为元素，多个排列组合而成，它是布依族长期处于稻作经济模式下的反映。

4．人物纹

人形纹通常作为布依族织锦的主体纹样，布局在最为醒目的中心位置。布依族人形纹主要有单人纹和双人纹两种形式，其中双人纹更为常见。双人纹造型是两个连在一起的人，左右两端为对称的人头部到胸口的上半身形象，在胸口处还有一个圆圈纹。镇宁布依族地区年轻女性出嫁时服饰上的织锦通常是红色调的双人纹，上面的两个人即代表一对新人，寓意为祝福一对佳人长长久久。

5．器物纹

布依族织锦中的器物纹主要为宝葫芦花瓶纹，由上下两部分构成，底座为葫芦状的瓶身，瓶上盛开造型各异的花卉。宝葫芦象征着女性生殖器，花卉则象征着生命之花，形容伟大的母亲孕育出新生命的过程。

四、布依族织锦的丰富内涵

（一）美好生活的感悟期盼

布依族地区较为封闭的环境和固定的生活方式，使得布依锦的传承较为完整，代代相传，基本保留了早期织锦的原始形态。布依锦陪伴着布依族女子的一生，渗透进她们生活的方方面面。布依族妇女在创作织锦时，第一灵感来源就是她们所生活的环境。对生活敏锐的观察力和强烈的感受力让她们在织造时，随心而动，创造出饱含深情故事的纹样。布依族居住在山环水抱之中，在布依锦上，亦用山纹、波浪纹来装饰边缘。花鸟纹样也是布依族鸟语花香生活环境与和谐幸福生活氛围的反映。从布依锦上，我们能切实感受到布依族人民的浓浓乡情，也能体会到布依族女子对浪漫爱情的期待与对美好生活的向往。

（二）民族文化的历史痕迹

布依族对鸟（鸡）的崇拜来自骆越古人。古籍中多有"鸟为越祝之祖"的记载，先民们认为鸟不仅能自由往来于天地之间，而且具有预兆的功能，鸡卜在很长一段时间流行于布依族地区。在旧石器时代，先民以采集渔猎为业。鸟的生物属性让人类钦羡不已，它们能借助双翅轻易获取长在高枝上的果实，也能在掠过水面之时用喙捕获水中的鱼虾。在采集渔猎时期，人们必须相互团结，一起围猎以获得食物。到了夜晚，为防野兽攻击，还需要有人轮岗看守，因此人们群居生活。鸟类也是群居的生物，鸟的机警与灵活让生活在同一环境下的原始先民对其产生了羡慕与敬仰之情，相类似的群居习性又让人产生亲近感，从而产生了对鸟的崇拜。到原始稻作生产时期，人们发现多数鸟类都以害虫为食，这有利于庄稼的生长。鸟捕食害虫却不主动攻击人类，因此人们认为它们是友好善良的。远古时期的人们结合鸟类的现实能力与自身的想象，将其神化，逐渐形成了他们心中保护神的形象。

 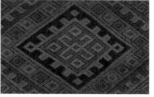 

（a）宝葫芦花灯凤鸟纹　　　　　（b）小凤凰纹　　　　　　（c）羽翼纹

图 4 布依族三种不同的凤鸟纹织锦

（三）多神崇拜的民族信仰

布依族先民的原始信仰是他们在认识自然、了解客观世界过程中形成的。图腾崇拜与人类认识的局限性有关，布依族最先崇拜风雨雷电等自然现象，于是出现了山纹、波浪纹、云雷纹等纹样。随着农耕文明的发展，布依族转而崇拜生活周边的动植物，于是又出现了谷粒纹、花鸟纹等。布依族的崇拜是广泛多元的，他们相信万物有灵。当自然灾害来临时，他们相信祖先神灵能帮助族人摆脱困境。

此外，布依族的蛇（龙）图腾、凤鸟图腾（图 4）崇拜源于女性崇拜，其核心是生殖崇拜。蛇类和鸟类有着强大的生命力与繁殖力。在原始社会时期，人类生存环境恶劣，为了保证种族延续，自身繁衍就显得极其重要，于是产生了生殖崇拜。

五、结语

布依族织锦历史悠久、工序复杂、纹样丰富多彩，充分展现了民族文化内涵。通过实地调研，发现布依族织锦的特别之处在于无花本，手工挑花制成，反面显花，为熟织挖花织物。布依族织锦色彩缤纷，纹样众多，涵盖着该民族独特的伦理价值，是布依族人民追求真、善、美的现实写照，亦融合了布依族源远流长的历史传统与独一无二的民族气质，值得被深入研究与保护。

参考文献

［1］《布依族简史》编写组. 布依族简史［M］. 北京：民族出版社，2008：6-8.

［2］中国民研会贵州分会编印. 民间文学资料 第六十四集（布依族古歌、丧葬歌）［M］. 北京：中国民间文艺出版社，1984：69.

［3］夏逢魁. 布依族纺织文化研究［J］. 布依学研究，1991：244-253.

［4］谭放炽. 略谈贵州民族地区棉纺织业的发展［J］. 贵州民族研究，1989（3）：120-127.

［5］贾京生. 中国现代民间手工蜡染工艺文化研究［M］. 北京：清华大学出版社，2013：119-120.

［6］淳于步，李玲. 贵州少数民族植物染色主染源的生长环境调查［J］. 凯里学院学报，2014，32（6）：46-49.

04 以"綵衣堂"为例的传统建筑彩画数字化整理与纹样再设计

沈沉①，俞若晨②，谭燕萍③

摘要：目前，翁同龢纪念馆中的綵衣堂建筑彩画褪变色严重，除关注本体保护修护外，本文着重探讨使用数字形式的图像获取，艺术、设计等对綵衣堂彩画纹样进行记录、修正的方式，数字化复原的过程以及延伸设计的呈现。通过对綵衣堂彩画的价值评估分析，在前人研究的基础上对传统文化当代意义进行探讨；对彩画数字化整理的工作思路、获取手段及分类方式进行探索；除对綵衣堂彩画的构图特点、用色技巧和图案类型等方面的分析之外，还从元素提炼、造型再造、风格探索的角度出发进行纹样延伸再设计，寻找綵衣堂彩画纹样运用到时尚设计中的可行性。

关键词：苏式彩画；图像数字化；纹样再设计；綵衣堂

明清时期，江南士族的一些大宅第的厅堂或者祠堂等建筑中的梁、檩、柱、枋等处绘有苏式彩画。綵衣堂是常熟市翁同龢故居的主厅，保存完好的明代传统建筑彩画数量较多，在一定程度上反映了建造绘制时期的审美观念、工艺手法、织品特征和文化追求等，具有极高的美学、历史和文化价值。就綵衣堂建筑彩画而言，基础性的研究已取得一定的成果，如年代、名称、分布、数量、尺寸、技术的研究等。目前对苏式彩画建筑中纹样对应的江南地区的纺织品演化研究、寓意探索及纹样再设计的相关研究较少，在江南地区的文化传承方向上还具有较大的研究潜力。

本文主要针对綵衣堂彩画价值及再设计意义进行分析；其次介绍彩画纹样的数

---

① 沈沉，东华大学副教授，研究方向为纺织品数字艺术设计。

② 俞若晨，东华大学硕士研究生，研究方向为染织设计理论与应用。

③ 谭燕萍，上海金枝玉叶服饰有限公司法定代表人。

字化整理方向与内容，工作内容主要是将图像数字化复原，并提供获取手段和分类方式的建议，为后续的纹样再设计研究打下基础；最后针对研究的意义和不足之处进行解析，期望从传统文化再唤醒、传统纹样再设计的角度找到中国传统彩绘艺术当代化、时尚化的探索方式。

课题以文献考据法和归纳研究法为主要研究方法，主要对常熟綵衣堂建筑彩画的现场资料进行拍摄和矢量化绘图，并对现有文献资料进行收集、整理，充实第一手资料。尽最大可能收集与本课题相关的实例，探析纹样在现代设计的应用情况。在做具体研究的过程中，归纳出在设计领域中传统纹样再设计与文化的相互关系，并明确再设计在发展过程中的理论特点和实践指向。

一、綵衣堂彩画价值及再设计意义

吴文化诞生地的常熟有一处国家重点文物——翁同龢故居。它始建于明末，距今有三百余年历史，是一座典型的江南建筑风格的官绅宅第。其主厅"綵衣堂"中梁、檩、柱、枋绘有明代彩画116幅，总面积约150平方米，图案题材丰富，绘制工艺精良，集绘、塑、雕于一体，在审美方面具有极高的艺术价值。一方面，綵衣堂是江南地区少有的保存完好的明代传统建筑彩画，具有鲜明的地域特色；另一方面，其由"戏彩娱亲"典故而得名的原因展现了传统文化中的儒家忠孝思想。以"綵衣堂"彩画为依据的纹样再设计，是对中国时尚发展道路上纺织品艺术设计多年来西方流行趋势大行其道反思的结果，也是本土江南文化、开放的海派文化价值重拾的历程。

（一）学术观念价值

1. 继承：对传统文化当代意义的再发现

宋锦纹样的再现。翁同龢故居中的传统建筑彩画如同房屋梁柱上包裹着锦衣，呈丝绸云锦般精美华丽，故有"綵衣"之誉。[1]明代江南地区的彩画艺术由于江南丝绸织锦业发达和社会经济条件富足等原因而兴起，并且继承了北方锦绣装饰艺术风格，普遍运用宋锦几何纹样和袱子形式纹样。綵衣堂是建筑艺术和装饰艺术结合的成功范例，其上彩画构图讲究，色彩以五彩并重，沿用《营造法式》中的几何锦纹，但细节上有所区别，不难看出是对宋锦纹样的一种转译。

包袱锦纹样的探源。綵衣堂梁架上绘制的袱子纹样称为"包袱锦"，也可称为"包袱彩画"，是形如用织品包裹在建筑构件上的彩画。[2]这是一种来源于商代建筑上用实物锦绣包裹木结构的装饰方式。[3]这种包袱锦样式的建筑彩画具有保护木构件、装饰美化建筑及标识建筑物等级的功能[4]。数字化整理及分类的工作，对包袱锦纹样探源有一定的研究意义。

2. 发扬：对传统纹样时尚化再设计

本文着重讨论使用现代技术将綵衣堂传统建筑彩画纹样进行数字化复原以及呈现，通过一定的技术手段和艺术审美眼光开展再设计的工作，并将其设计成可实用的产品运用到生活中。此类工作是对中国传统彩绘艺术当代化、时尚化的探索，具有良好的发展前景。

（二）美学审美价值

1. 向往：美好生活体系

綵衣堂精美的包袱锦彩画展现出江南地区彩画最高的艺术水平，这种对规则性强的锦纹的模仿加工，不仅给人以形式上的美感，而且能反映大众化的审美眼光。绘制的内容有五彩杂花、锦文式、碾玉装、五彩遍装、青绿叠棱间装等（图1）。

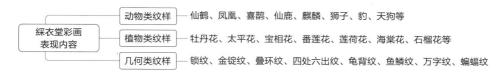

图 1 綵衣堂彩画图案表现内容

2. 镜像：东西时尚架构

綵衣堂彩画图案形式多样，可分为单独纹样、连续纹样和适合纹样。目前能找到的对应的织品纹样演化，主要来源于清代的织锦纺织品（表1）。

表 1 綵衣堂建筑彩画图案形式

图案形式		代表样式	织品样式演化
綵衣堂图案形式	单独纹样		
	连续纹样　二方连续		
	四方连续		
	适合纹样		

（三）文化历史价值

1. 根基：深厚文脉的历史溯源

翁同龢故居延续了江南地区的建筑风格，传承了当地的地域文脉。[5]綵衣堂在工艺程序、构图、设色、纹样上均有江南地域"尚雅"的装饰特征。其包袱锦纹样反映了明代中晚期苏州地区的人文风情，具有地域的独特性，展现了浓郁的江南文化中的文人气息和对"天人合一"的文化追求，体现了含蓄内敛的审美观念。

2. 身份：安身立命的觉悟自信

翁氏家族展现了江南士族以读书为尚、重礼重教的特点，体现了江南士族对中国历史文化中的忠孝之道的崇尚。綵衣堂正中书对联一副"绵世泽莫如为善，振家声还是读书"，展现了对后辈奋发读书、以文传家的美好期望。

（四）政治时尚价值

1. 经世：与时俱进的时尚文化

綵衣堂彩画具有一定的时尚创新价值。根据2020年度上海市促进文化创意产业发展财政扶持资金项目可知，国际文化大都市建设及打响上海的"设计之都"发展、聚焦文化创意产业中的时尚创意业、支持创意设计领域发展是大势所趋。将綵衣堂传统建筑彩画进行数字化整理并进行纹样再设计的工作是对传统文化的二次唤醒，是对中国传统彩绘艺术当代化、时尚化的探索，具有良好的发展前景。若能与纺织品数字艺术设计合作并成功推广，将会对中国建筑彩绘的数字化整理及数字艺术设计有一定的借鉴和示范作用。

2. 致用：雅俗共赏的和谐之道

綵衣堂彩画展现了明末文人精英的"雅"文化和市民大众的"俗"文化的融合。明代中晚期"世俗化"的时代潮流由于江南地区商业化的浪潮而兴起，彩画、雕刻等庶民文化中的华丽工艺与士大夫宅邸的雅致装饰融合，在江南地区工匠们的世俗审美和工艺刻画下，形成了雅俗共赏的风格。

即便明代统治阶级禁止铺张浪费的锦绣装饰艺术，但由于从上而下的政策和趋势，所以实行速度缓慢，且江南地区越礼逾制的市井思潮并未受到太大的约束，服饰器中存在僭越使用的情况也反映在了綵衣堂建筑彩画的图案上，如大量刻画高等级的"龙纹"（图2、图3）。龙纹除了展现宅邸主人本身的地位之高外，也体现了当时商业文明在江南地区的浸润。

图 2 四界梁上的搭袱云龙彩画　　　　　图 3 抬头轩明间棣条中的搭袱盘龙彩画

二、数字化整理方向与内容

由于彩画绘制年代久远，且无法避免日照褪色和温度湿度变化大等因素，绥衣堂现存彩画出现逐渐发污、模糊难辨的情况。除了对彩画本体进行保护修复之外，对其特征进行图像记录保存工作必不可少。本文从纺织品的构图、纹样、色彩图案学的三个角度为研究基础，对绥衣堂传统彩画进行分类，并在国内彩绘记录的研究基础上提出了数字化整理，希望能为绥衣堂传统建筑彩画的保护和研究尽一份微薄之力。

（一）工作思路与导图

笔者课题组在前人对绥衣堂的大量历史研究现状基础上进行了图像数据收集和数字化整理的工作规划，并采用思维导图的形式进行研究。

（二）获取形式与方向

绥衣堂彩画获取方式主要是遵循已有理论与方式，主要包括：测绘图、照片、数据图表、文字报告、录像、表现图、点云数据、计算机模型、数据库以及地理信息系统。本次研究主要采用测量与摄绘的方式：对空间、面积、结构进行测量计算；勾画草图、记录影像资料、绘制彩画图样以及彩画布局图。具体测量与摄绘主要方向与工作如下。

1. 轮廓大势

把握大势意在笔先。案头工作与现场测绘结合，熟悉并把握整体结构、造型的走势，甄别观察，寻找其中的构图规律。

2. 叠加映衬

把处理好的彩画正面数码照用插入光栅图像的命令导入绘图界面，在描绘时线条要分出层次。

3. 细节转折

注意分色、结构转换区域及其他细节，并且要注意线条的起始、里外，确保彩画摄绘的写实与传神。实物元素图案输入分辨率宜不小于300dpi（Dots Per Inch，每英寸点数）。

4. 结构布局

根据彩画具体绘制的位置、部位，寻找对应的先后、主次、单独或联署等关系；摄绘并留档编号，将其附在古建筑的剖面、立面图上；通晓整体直观感知。

（三）分类目的与类别

我们重点探究的綵衣堂包袱锦彩画是有枋心彩画，是彩画中最具代表、体现了当时房屋主人经济能力与审美趣味的类型之一。包袱锦彩画是丝织品镜像的呈现，直接反映了其纹样样式、色彩构成以及艺术构图。无枋心彩画是彩画的一种简版，多用于大木构架的次要构件。本文根据学者马瑞田在《锦绣被堂——綵衣堂的彩绘艺术》[6]一文中采用的局部构件系列名称，对綵衣堂彩画的分类方式进行整理（图4）。苏式彩画的分类及命名主要是以其所处的建筑局部构件位置来定。

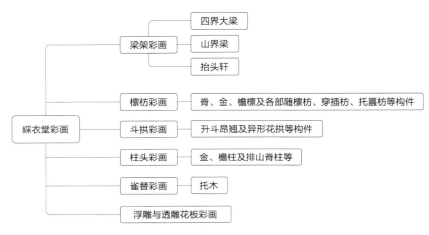

图4 "綵衣堂"彩画分类

以下是"綵衣堂"彩画的几大特点：

1. 金线廓形

金线苏画是苏式彩画中等级第二高的彩画，仅次于金琢墨苏画，纹样主次分明。其主体框架大线，如箍头线、包袱轮廓线、聚锦线等轮廓线一律为沥粉的片金作法，似中锋勾勒，廓形饱满；次要部位，如斗拱，则为不沥粉的平金作法，以偏锋装饰。

2. 五彩遍装

通过罩染技术、堆粉贴金技术、调色全色术、叠晕技术等装饰五彩杂花、五彩云和五彩金琢墨云龙。

3. 审美乐趣

堂内彩绘的透雕翼形栱木的图案，反映了明末清初雅俗共赏、正谐同乐的审美取向。翼形栱木是斗栱两侧的装饰构件，其形如古代官帽两侧的纱帽翅，雕镂精细，图案各异，绚丽多彩。如麒麟、灵芝和豹子、喜鹊、桂圆图案，寓意"麒麟送子""报喜连中三元"；獾、鹿、喜鹊、灵芝图案，意为"欢乐""吉祥""如意"；蜜蜂、猴子、官印以及喜鹊、梅花、鹿图案，意有"封侯挂印""喜上眉梢"；西番莲花、寿桃图案，因西番莲花另称天竺牡丹，是富贵之花，桃与西王母的仙桃传说有关，所以寓意着"长寿""贵寿吉祥"。许多图案都是按照人们需求而组合，反映内心期望。还有一些图案展现了士大夫们的忠贞友谊、文人雅士的清高节操。

三、纹样再设计

发掘传统建筑彩画的美，将其体现在纺织品数字艺术设计上，再进行设计、创造，这是一个继承的过程，更是一个发展颠覆的过程。再设计需要探究彩画运笔（中锋、侧锋、偏锋，起笔、收笔），而现在已经无处寻找彩画的草稿（脚本、粉本、底本）作为依据进行再设计，主要依靠现存彩画应用于纺织品的艺术再设计，继而再造原则、分类元素、确定风格。

（一）再造原则

1. 具象原则

綵衣堂彩画无论是作法等级、操作工艺、画面构思、吉祥题材，都是围绕具象造型展开审美，也就是可分辨形象观赏。再设计也应遵循此原则延续人们喜闻乐见的可辨识的具象造型。

2. 技术原则

传统材质承接着当时的工艺技术，是优秀传统文化的沉淀。作为中国时尚在本土文化中重要的灵感来源，应时刻注意当代技术、材料对生活方式的影响。依据制备工艺，数字图案元素的棉印分辨率需达到152dpi，丝印分辨率则需要254dpi，一些纸质面料的分辨率为300dpi。

3. 次序原则

中国传统文化讲究里外、上下、先后、左右等伦理次序，希冀实现知识价值、道德价值与审美价值。再设计将会循传统规、蹈当代矩，建立当下的技术工艺次序、环保程序，挣脱繁文缛节的次第。

4. 时尚原则

再设计反映了自主、自觉、自信的时尚原则，不偏倚、不盲从、不追随西方强势文化。

如图5中连机上的祥云连缀组合图案，将祥云元素提取后，重复排列并做成循环图案，通过虚拟织物模拟的手段，做出不同的风格效果。

 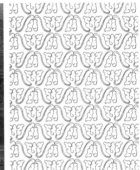 

（a）灵感来源——连机上祥云连缀组合图案　　（b）祥云元素提取及接版　　（c）风格演变

 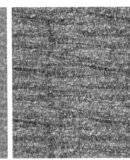 

（d）效果肌理演变　　（e）色彩演变　　（f）底纹增加　　（g）几何效果演变

图5 连机上祥云连缀组合图案中祥云元素提取后的演变效果图

（二）元素别裁

1. 样式元素

力求构建有意义的保持传统人文精神与样貌的式样，符号化格式为便于重复、传播、推广而创建。

2. 题材元素

传统题材需要融入时代、创新等理念，将传统元素更新的同时，力求走在时尚前沿。

3. 材料元素

再设计的任务本质就是超越常态。从非传统材质的替代使用、精心的勾连构造、强调功能的材料等方面，不断完善突破自我。

4. 艺工元素

綵衣堂彩画，是艺术家技艺与匠人工艺精神回归本位的艺工结合，是洞见事物规律的本真表达。

四界大梁方胜纹"十字杵"套环锦中方胜纹样元素提取后格纹演变效果图如图6

（a）四界大梁方胜纹"十字杵"套环锦　　　（b）方胜纹元素提取及简化

（c）方胜纹格纹　　　（d）方胜纹格纹演变（1）　　　（e）方胜纹格纹演变（2）

（f）方胜纹格纹演变（3）　　　（g）方胜纹格纹演变（4）　　　（h）方胜纹格纹演变（5）

图6 四界大梁方胜纹"十字杵"套环锦中方胜纹样元素提取后格纹演变效果图

所示。由此可知，某一特定元素提取出后，进行简化排列，通过计算机辅助设计手段，可以制作成不同的格纹效果。

（三）风格探索

1. 经典异化

传中求统、统中求传、统中有异、传中有同，在再设计表现中，经典风格的材质、色彩、图形、工艺都可尝试使用新工艺、新材料的新鲜组合，凸显其时代差异与新鲜度。从綵衣堂的上搭袄方格式八出锦纹中提取的方格式八出锦纹，经过重复排列、组合，形成了新的循环图案（图7）。

图 7 经典异化——"菱形异变"主题面料

2. 自然年轮

时新与旧颜、欣荣与寂寥、转瞬与恒久。即使油漆剥落、色彩凋敝，也难掩传统精髓的历久弥新。从綵衣堂的连机上祥云纹连缀组合图案中提取出祥云纹，再进行重复排列组合形成循环图案。祥云纹图案通过电脑软件制作成针织质感的虚拟织物，与同色系五彩方格组成一组新的设计（图8）。

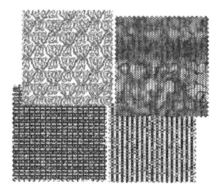

图 8 自然年轮——"佳色一隅"主题面料

3. 都市活力

綵衣堂的四界大梁方胜纹"十字杵"套环锦使用线描的手法，提取出方胜纹后，经过重复排列后形成循环图案。图案经过叠加、重复后形成不规则的小菱形与格纹数码印花纹样，展现着推波尖端前沿的时尚潮流，随波却不跟风、尊重却不妥协、虚拟却真实的生活情趣（图9）。

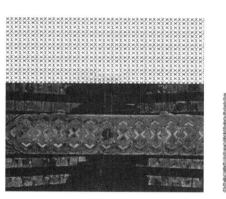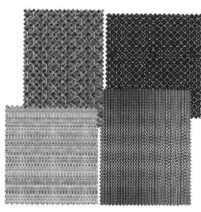

图 9 都市活力——"佳色一隅"主题面料

4. 实验探险

綵衣堂彩画作为纺织品数字艺术设计的源泉之一，需要加强探索寓意转化。綵衣堂中的植物纹样可作为面料素材的来源，并且赋予面料吉祥寓意和文化价值。图10使用线描的方式提取出花卉图案和祥云图案，通过叠加不同的肌理效果使得写实纹样增添了层次感，并模拟出虚拟织物效果，更直观地展现出用不同工艺制作出的面料成品效果。

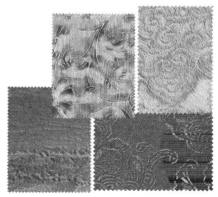

图 10 实验探险——"经典复刻"主题面料

四、结语

　　本文从綵衣堂彩画纹样的构图、用色和图案的元素提炼、造型再造、风格探索的角度出发，进行数字化整理工作，涉及数字设计的获取、变化、流转、原则等跨专业领域内容。期望从保护传统纹样的角度出发对数字化理论与设计进行实践和研究，提出传统建筑彩画纹样设计再生的主张。在探索綵衣堂彩画纹样及内在精神的同时，将其运用到时尚设计中，展现规范化、模式化设计的可行性，为传统文化注入当代审美情趣提供一个发展方向。

参考文献

［1］时卫平. 谈江南綵衣堂建筑彩画的艺术独特性［J］. 东南文化，2012（2）：124–126.

［2］陈薇. 江南包袱彩画［M］. 北京：中国建筑工业出版社，2016.

［3］时卫平. "綵衣堂"建筑装饰艺术赏析［J］. 中国美术教育，2008（5）：74–75.

［4］纪立芳. 清代苏南民居彩画研究［J］. 华中建筑，2011，29（4）：141–143.

［5］蒋励，周浩明. 再看綵衣堂——常熟翁氏故居生态新解［J］. 古建园林技术，2007（2）：50–52+61.

［6］翁同龢纪念馆. 綵衣堂建筑彩画艺术［M］. 上海：上海科学技术出版社，2007.

05 浅谈民间文学类非遗项目的价值与传承
——以杨瑟严故事为例

段明慧[①]

摘要：民间文学指的是人们在日常生活和劳作中集体创作的一种口头流传的语言艺术。"杨瑟严"是上海崇明地区的一个民间文学人物。杨瑟严系列故事，简练而意趣盎然。他多以足智多谋的形象出现，在人们迷茫无助的时候及时地为人们出谋划策。杨瑟严故事发展至今，依然有其独特的魅力所在。本文从故事情节、价值分析、探究传承三方面出发，对上海市市级民间文学非遗项目——杨瑟严故事，进行分析。

关键词：民间文学；非物质文化遗产；杨瑟严

杨瑟严故事是上海市非物质文化遗产市级名录中民间文学类别中的一个故事，是崇明地区民间文学的结晶，是崇明人民在海岛独特的历史、地理、文化、风俗下的智慧创作。

一、杨瑟严故事简介

关于杨瑟严是哪个朝代的人物，目前在学术上并无明确记载。周之珂在其主编的《崇明县志》中提及杨瑟严为明代万历年间（1573—1620 年）人[1]。施仲君、黄文元主编的《崇明机智人物杨瑟严》中提及杨瑟严大概生活在清代乾隆、嘉庆年间（1736—1820 年）[2]。据杨瑟严故事传承人袁祖铭介绍，杨瑟严的原型是清代康熙年间（1662—1722 年）的秀才杨舜年。杨瑟严，或者说其原型究竟起源于哪个朝代，由于民间文学的口头传播性特点，且距今年代久远，考究起来存在一定困难。但民

---

① 段明慧，东华大学硕士研究生，研究方向为艺术学理论。

间文学最重要的往往不是其起源时间，而是其故事本身。

在一些 70 后、80 后的记忆中，甚至更年长的崇明人的记忆中，每当小时候做错了事，家长总是会用"杨瑟严来了"进行吓唬。久而久之，杨瑟严在孩子的心中留下了坏人印象。清朝吴麟瑞甚至在其作品《中国四大恶讼师传奇》①中将杨瑟严归为其一。但杨瑟严真的是坏人吗？民间对其评价褒贬不一。一方面他为百姓伸张正义，另一方面他也会不分善恶地捉弄老百姓。从这里可知，杨瑟严并不是一个彻底的坏人，如在《初露锋芒》《一张当票》《三颗门牙》《做中保》《新鞋惩恶人》《状告贡生》《计助老妇》等经典案例中，杨瑟严无一不是在为人们的利益伸张。

二、杨瑟严故事价值分析

杨瑟严故事，体现的不仅是民间群众的智慧，更是体现了民间群众的意识形态。从 20 世纪我国学者徐蔚南的第一本概论式著作《民间文学》问世以来，不同的研究者们大都认为，民间文学是以农民和手工业者为主体的下层民众所创作和传承、传播的，即鲁迅先生所说的"生产者的艺术"而非"消费者的艺术"。[3] 也就是说，杨瑟严故事创作更多的是出于人们情感和意识的表达，而非市场的需要。

（一）历史价值

作为一种生产者的艺术，杨瑟严故事是创造者对当时情境下的欲望表达。任何创造者都脱离不了自己所处的时代背景，杨瑟严故事也不例外。不管杨瑟严故事的起源到底是明代还是清代，其反映的都是农耕社会期间人们的生活场景与生活愿景。

历史往往是对过去人们生活、模式、意识形态等行为的总结。从杨瑟严故事中，我们不难对当时人们的生活场景、模式进行推测，从中可以感受到百姓对为富不仁的厌恶，如故事《状告恶霸》《状告贡生》《巧治恶少》等，对当官不为民作主的官员的无奈，如故事《扳倒赖知县》《借尸难知县》等。这些故事都对当时的社会结构、礼俗制度等进行了一定的再现。再比如当时社会对"贞洁"的历史观念，可以从杨瑟严部分故事中窥探一二：《鞭驴断案》中，少妇骑雌驴回娘家探亲，路上被骑雄驴的壮汉玷污后自杀，两家亲家不得其解，对簿公堂，后杨瑟严机智断案还少妇名声，两家和好如初。杨瑟严故事都是对当时社会观念、社会意识等的一定反映，因此对相关研究者而言，具有一定的历史价值。

（二）艺术价值

杨瑟严故事大多简洁易懂，反映了当时人们的审美情趣，具有一定的艺术价值。

---

① （清）吴麟瑞，高天平：《中国四大恶讼师传奇》，中国华侨出版社 2003 年版。

杨瑟严故事来自当时的农耕社会，人们日出而作，日落而息。在田野农耕时，或晚间休息时，当地的人们聚集在一起，传播讲述着具有当地历史文化符号的杨瑟严故事。杨瑟严故事不是自诞生便自成系列，而是在历史的进程中被不断地创造、不断地填充出来的，并最终使得杨瑟严故事形象变得生动饱满。

杨瑟严的人物形象，在系列故事中总是计谋丰富且善用言语。作为讼师，三言两语便能助人化解困境，无怪乎乡间有民谣："知县一颗印，不如杨瑟严一封信"。[2]如故事《鹤狗官司》中，杨瑟严仅用"鹤挂金牌，犬不识字，禽兽相争，何关人事"了了十六个字便终结了恶霸无休止的无理赔付之事。在系列故事中的其他故事描述中，我们也不难看到饱满的杨瑟严。他并非全然正气，并非毫无缺点，但充满着江湖义气，人物生动可爱。杨瑟严人物形象从民间创造而来，人物原型究竟是谁，已显得没那么重要了。人们在对故事传承讲述的演绎过程、不断填充的情节与元素，更像是人们对社会不公的反抗、对人物形象的向往、对困境状况中的希望描绘。

（三）教育价值

在对杨瑟严故事进行阅读时，人们惊讶于他的智慧，仿佛任何事情碰到了杨瑟严就等同于碰上了万能解。在杨瑟严系列故事中，作恶者总是会在最后被杨瑟严用计谋制服。在阅读这些记录着杨瑟严惩戒恶人的故事中，读者也得到了一些规诫，其系列故事具有一定的教育价值与意义。

所处故事创作时代的人们听着杨瑟严的故事长大，故事情节会在一定程度上降低人们的作恶念想，从而规范人们的社会行为模式。杨瑟严故事中的道理更多的是隐在故事里，潜移默化地对人们产生教化作用，发挥教育价值。

三、杨瑟严故事传承探究

（一）传承人的传承

传承人保护是非物质文化遗产保护的核心，这一点在文化界和学术界已达成共识。[3]传承人往往是相关非遗项目的继承者，杨瑟严故事的传承人在完成了口头传承的同时，也通过影像等方式留下了相关的故事记录，如上海市崇明区文化和旅游局拍摄的非遗系列宣传片《一代讼师——杨瑟严的故事》、杨瑟严故事的传承人袁祖铭的影音资料等。笔者以为，可借助各种自媒体手段的东风，完成当下的活现及更广区域的传播，为以后的文化传承奠定基础。

（二）利用虚拟现实技术对故事场景进行再现演绎

笔者以为，杨瑟严故事可以通过数字化虚拟技术，对故事进行全方位、多视角的再次呈现。杨瑟严相关的剧本、改编或宣传片其实已经在市面上出现，但总体来说，传播范围还是相对有限。可以选取杨瑟严故事系列中的部分经典，借助虚拟现实技术，将部分故事作出场景化的复原。当观者进入该情境之后，可以进行故事中的角色选定，用虚拟化的技术将观者"切切实实"地拉入故事中，从而对人物与故事产生更加深刻的印象，在沉浸情境中完成深入的故事传承。[4]

四、结语

提到新疆地区的有代表性的机智角色，人们很容易想到阿凡提①。但提到上海的角色，除了崇明地区的当地人，鲜有人想到杨瑟严。杨瑟严和阿凡提都是民间智慧的集大成者，故事真真假假，大多出于人们美好的愿景，编造后集中在了这些人物身上。杨瑟严故事是时代的产物，更是人民智慧的结晶。故事中的杨瑟严惩恶扬善，机智多谋。故事整体的构架合乎情理，简练生动。纵观杨瑟严故事，在具有一定的历史、艺术和教育价值的同时，作为非物质文化遗产项目，如何在非遗热和数字化时代的今天，更好地实现形式内容的传承创新，保护该民间文学的当代形态，这是一个需要探讨的问题。

参考文献

［1］上海市崇明县县志编纂委员会. 崇明县志［M］. 上海：上海人民出版社，1989.

［2］崇明县非物质文化遗产保护办公室. 崇明机智人物杨瑟严［M］. 上海：学林出版社，2009.

［3］刘锡诚. "非遗时代"的民间文学及其保护问题［J］. 民间文化论坛，2013（05）：5–14.

［4］郑巨欣，陈峰. 文化遗产保护的数字化展示与传播［M］. 北京：学苑出版社，2011：142.

---

① 阿凡提，也名阿方提，是一位活跃在西起摩洛哥、东到中国新疆伊斯兰诸民族的传说人物。

06 三级圈层：论海派非遗的融合性机制

俞悦[①]

摘要：上海得天独厚的历史文化背景，锻造出兼容并蓄、视野开阔、机制灵活、商业属性发达的海派文化，使得根植于此的非物质文化遗产同样具有高度吸纳融合的特质。在非遗风格的界定中，走出以区域论海派的定式框架，厘清"上海非遗"与"海派非遗"二者的概念，深入阐释海派非遗在江南文化、移民文化、国际文化影响下吸纳、融合、扬弃、创新的独特机制。

关键词：文艺民俗学；海派非遗；融合性机制；国际视野

奥斯瓦尔德·斯宾格勒有言："城市的'面貌'总表现为一段历史，是自身文化精神的历史。"[1]上海以其日异月殊、包容开放的城市风貌，不辞细壤，不捐细流，成为多元文化空间的构建载体，造就出灵活求新、兼容并蓄的海派文化。脱胎于吴越，融合国内外优秀文化之精华，海派文化凭借其高度包容与扬弃的文化张力，在滚滚的时代洪流中历久弥新。

根植于海派文化的非物质文化遗产，在长期的发展过程中呈现出和海派文化高度一致的吸纳融合特质。"论者谓海派是一种区域性文化，可它的移动性很大，不只是人的移动，主要还是这种风格的移动[②]。"在非遗风格的界定中，区域论海派有其明显的局限性，因为并非所有区域内的非物质文化遗产都具备"海派之风"。相反，在上海非物质文化遗产的市级名录中，如灶花、棕榈叶编织、连环画等由本土传统

---

① 俞悦，华东师范大学，研究方向为汉语文化。

② 陈旭麓：《论"海派"》，载复旦大学历史系编：《中国传统文化的再估计》，上海人民出版社1987年版，第365—369页。

文化发展而来的项目，虽然具有高度的稳定性和传承性，不易受到外来文化的影响，却容易在"固守园地"的传统思维里陷入本土文化中心主义的旋涡。在高速发展、日新月异的现代生活中，面对诸多过去的生活方式遭遇淘汰、市民消费升级等问题时，海派特质的缺乏让其面临着严峻的现实挑战。外界及部分研究者长期混淆"海派非遗"与"上海非遗"的概念，本文将以此为切入口，从以下三个方面深入阐释海派非遗独特的融合性机制。

一、第一圈层：根植吴越的流入型周边融合

木心在《上海赋》中曾言上海的缺失："一无文化渊源，二无上流社会。"无文化渊源指的是海派文化中的传统文化根基较浅，缺乏传统文化形成的基本要素，如历时的持久，空间的稳定，相对封闭且较少受到外来文化的影响等；无上流社会指的是上海历史传统社会中缺乏精英阶层与贵族阶层，这同样也是时间历练与传承积淀的结果。[2] 两者看似精确地指出了上海文化发展的特质，实则不然。沪渎之地，地处江南，历史悠久且富有智性的江南文化为上海留下了绵延深厚的文化记忆，海派文化更是以江南文化为底色，扬弃创新，于巨人肩膀之上再造一座繁茂花园。

上海与江南除了在地域上的紧密联系之外，上海在开埠后的主要外来人口也来自江南。开埠之后不到百年的时间里，上海人口净增约 490 万，其中外来移民人口的增长远高于本地人口的自然增长。在移民人口总数中，来自苏南浙北的移民数量居于第一位。文化的传播以人为媒介在区域之间流动，明清时期江南地区商品经济的繁荣发展，使得江南移民携带着秉承在记忆之中蒙昧的商品意识与市场意识一同而来，更容易与公共租界的现代化管理水平及资本主义工商业的发展水平相适应，充分发挥自身优势。海派文化与江南文化本同属于一个母体范畴，再加上江南移民风格与上海城市特质的契合，促使海派非遗与江南文化在融合之中更好地规避了风格混乱、前后无因等"过渡困境"。

海派石雕艺术从明代发展而来。上海开埠后，极富象生特色的江南地区传统石雕艺术与现代技法相碰撞，突破江南石雕纯粹的写意风格，将高度写实作为重要的艺术追求，是海派文化与江南文化融合的良好范例之一。与现代技法的融合并非海派石雕的终点，海派文化熔铸于这项非物质文化遗产的精神特质仍在延续。以市级传承人王金根为代表的石雕匠人们，不断学习，积极参与跨界交流融合，一方面对传统艺术形式进行反复研究、思考、比较，在此基础上进行再设计、再创造[3]，一

方面从高速发展的现代生活中寻求创作灵感，在传统与现代之间觅得新的契合点。

以石雕为例的海派非遗事项，在发展过程中呈现出的兼容并蓄、海纳百川的精神特质，可以在江南文化的历史进程中追溯到更久远的血脉根源。中国历史上发生过多次战乱后大规模的移民南迁，如东汉末年到三国期间的移民南下，"永嘉之乱"爆发后的移民南迁，"安史之乱"后持续至元朝的移民南下等。在此期间，江南地区吸收了大量来自河南、安徽、苏北、浙南的移民，其中不乏上层皇室贵胄与知识分子。多次大规模的移民活动，尤其是上层高素质人群的南迁，为江南地区带来文化的大融合、大发展与大繁荣。但江南文化的海纳百川由客观环境造成，鲜有人为因素。海派非遗的发展则更多的是由高素质的移民群体、艺术家群体和匠人群体自发地将各自的本土文化带到上海，形成一种异态文化互相吸纳、平等竞技、协同创新的融合性机制。从这个角度看，海派非遗以江南文化为底色，但在现代意义上谋求的是更高、更长远的发展。

二、第二圈层：五方杂处的异质型跨地域整合

海派剪纸艺术市级传承人李守白有言："上海是座移民城市，大量都市文化是移民文化的翻版。"开埠后，不断涌入的外来移民带动区域文化的跨界整合，各类文化资源与文化艺术风格交汇碰撞，为上海都市文化注入新鲜的异质活力。上海开始成为全国的上海。

独特的移民文化为海派非遗带来可供学习和借鉴的丰富资源库藏，海派非遗在面对异态文化时同样表现出毋庸置疑的开放性、融合性与多变性。海派锣鼓是上海本地传统锣鼓与山西的威风锣鼓、太原锣鼓，浙江的浙东锣鼓等锣鼓流派融合而成的一种锣鼓乐种。宝钢的建设使得北方地区移民大量汇入上海宝山，也带来了来自全国各地冶建企业的锣鼓队。异态的新奇审美元素使得上海传统锣鼓"八仙对鼓"的表演样式和"轻打细敲"的乐曲风格发生改变。上海锣鼓吸纳外来优秀鼓种的精华以迎合不断更新的市民审美需求，最终形成了风格新颖、表演细腻的"海派锣鼓"，使"小打小闹"的锣鼓走向气势恢弘的舞台表演。

海派非遗在面对异文化汇入时重新审视并调整创作母题的过程，实则是经历解构与重构的过程。上海都市文化的特质表现为社会风气时尚不间断的高速流变、受众阶级需求的更新换代，以及民众审美倾向的转型，这就鞭策着海派非遗中的民俗事象马不停蹄地加入到流变之中，解构再重构。有观点指出，一味地与异态文化不

间断融合、迎合现实需求的更新换代有可能造成本土性的流失，即非遗事象本身传统特质的削弱与模糊。赫尔曼·鲍辛格在《技术世界中的民间文化》中同样指出，当保守地致力于保护文化财富的机构时，这一点更加明显，他们也必须服从这个时代的法则，无论是否情愿，都必须接受一个事实，即过去意义上的"本土性"已经不复存在。[4] 那么，海派非遗在与异文化持续融合的过程中，是否会造成其上海本土文化特质的衰退乃至消亡呢？

要解决这个疑问首先应当厘清"本土性"的概念。海派非遗传统中的本土性并非是一个亘古不变的凝固概念，其含义在发展中不断被充盈和丰富，对于"本土性"的定义应当依附于本土的现实情况。不论是外来人口与异文化的汇入，还是本土民众审美情趣与现实需求的更迭，都以本土为载体，并不断更新着本土的实际状态。本土含义的变动再牵动本土性意义的拓展，使之成为一种"新的传统"。海派非遗与异文化融合的结果，是部分旧传统的削弱与退场，同时是新传统的建立与更新。其次，海派非遗对于异文化是吸纳与融合，并非是不作选择的被动接收。20世纪初，西方历法传入上海并逐渐渗透至民众的日常生活，民国政府成立后，更是通过政府力量废除传统阴历，企图将民众生活引入更具"现代性"的时间制度中去。[5] 上海月份牌年画受外来文化影响同样吸纳了西方历法，但并未将传统阴历从年画中剔除，而是采用阴阳合历的方式作为计量时间的方法。可见海派非遗对于外来文化的态度并非全盘接受，对于本土文化的态度亦并非全盘淘汰，而是更细致地体察本土居民日常生活与审美的需要。就此意义而言，海派文化的融合性机制同样是为了充盈与丰富"本土性"的现代内涵，构成接纳异质文化的"新本土"概念。

三、第三圈层：国际视野的多元文化双边融合

上海是一座因租界而繁荣的现代都市，一部租界史，就将一片滩涂之地变为洋风炽盛的"东方巴黎"。租界辟设后，来自英、法、美等各国的异乡人在此安家落户，以西方独特的物质文化、制度文化与精神文化在本土民众新奇的目光中铺陈出一幅闻所未闻、光怪陆离的繁荣图景。从新奇到理解，从模仿到兼容，中西文化的交流与融合依托租界而生，也使上海得以完成一次重大的面向"现代化"与"国际性"的都市转型。自此，上海成为"世界的城市"。

租界的设立与发展使得上海快速成长为一个新生活与新观念的发源地，但随之产生的复杂文化现象也为"海派"一词附加上诸多鲜明的爱憎色彩。对于海派文化的批评包括迷失于过度商业化和深陷西方中心主义。徐珂曾评南北两派的戏剧："观

剧者有两大派，一北派，一南派，北派之誉优也必以唱工佳，咬字真，而与貌之美恶初未介意……南派誉优则曰身段好，容颜美也，而艺之优劣乃未齿及。一言以蔽之，北人重艺，南人重色而已。"[6] 貌似戏谑之言，事实也的确存在。伴随着海派文化的发展，过度商业化成为海派亚文化的表现之一，更被附以"恶性海派"的属性之名，被认为属于资产阶级的文化表现。认为海派深陷于西方中心主义的批评如："在租界里，一切有形的和无形的属于中国文化传统的事物都受到比别处更多的居高临下、鄙夷不屑、轻视淡漠的对待，是不争的事实"[7]，更有人提出，根据市民的"崇洋"现象便应当将海派文化本身定义为一种亚文化，从属于西方。

从海派涉及的社会现象中抽取局部的特征来定义"海派"，实则是犯了以现象代替本质的错误。伴随着传统民间艺术在实践与观念上的探索，艺术活动与其附加的商业价值之间不断寻求新的平衡。20 世纪欧洲中心主义观点的退潮、立足于租界公共空间对于西方文化的畅想，已在长期的生活实践中使得市民的信仰具体化：西方中心主义的观点并非一劳永逸，可以结合自己的传统文化资源创造出属于自己的文化样态。在这一方面，近代海派非遗的发展过程极具启发意义，这是我们曾经面对的历史，也是即将面对的未来。

海派非遗在面向西方现代性的文化背景中诞生出一种新的传统：民族性与世界性的水乳交融，民族文化与国际文化的兼容并蓄。这样非凡的文化张力不仅在海派非遗的内容中有所呈现，同样体现在中西文化"双向"的融合方式上。

以海派黄杨木雕为例。其本体是中国传统艺术形式，吸纳西方的表现手法，发展而来形成了成熟的海派风格。海派黄杨木雕的创始人徐宝庆先生，在上海土山湾孤儿工艺院学艺期间，分别师从日本美术家田中德修士与西班牙传教士那勃斯嘎斯学习素描与西方雕塑。在随后的创作过程中，他将中国传统木雕技艺与西方素描技法、线条表现、雕塑技巧融会贯通，变传统的圆雕手法为更凝练立体的镂雕，变传统的竖向用料为横向用料，将带有上海弄堂风味的题材引入雕刻创作，开创了中西合璧的海派黄杨木雕风格。"以中为本，以西为用"的外摄融合，使得闭门造车的传统创作方式被打破，海派黄杨木雕成为上海国际视野与开放特质的一个缩影。

以海派绒绣为例。其本体是西方艺术形式，吸纳了中国传统技艺，同样发展成具有东方特色的海派风格。绒绣艺术是一种从欧洲传入中国的外来绣艺[8]，采用纯羊毛的绒线绣制在特定的网眼布料上，由颗粒状的色块集成画面，使得绣品具有庄重色彩的同时，更富多角度观看俱佳的立体感。上海绒绣艺人刘佩珍解决了技巧上的难题，并以杰出的作品开创绒绣艺术品先河，海派绒绣进入创新时代，开始出现中国题材，融入中国传统刺绣技法，形成浓郁的沪上特色。"以西为本，以中为用"的内化融合，使得一个中西合璧的全新的工艺美术品种就此诞生。

徐宝庆、刘佩珍等一系列手工匠人与艺术家开辟出一条国际文化与民族文化合理兼容的新型创作道路，在此基础上扬弃与创新，展现出海派非遗独特的融合性机制。面对日新月异的现代生活，在掌握了更多文化自主权的今日，海派黄杨木雕与海派绒绣等非物质文化遗产却呈现出难以逆转的衰落之势。"融合性机制"是维系海派非遗持续健康发展的"永动力"，却并非是一种贯穿始终、亘古不变的文化特质。发展视野的狭隘、适应能力的僵化以及与现代生活的疏离等多方面原因，使海派非遗自身发展中熠熠生辉的融合性机制枯竭暗淡。以史为鉴以内省，追溯并剖析海派非遗的融合性基因在自身的成长脉络中曾发挥的优势，就有可能在过去的"经验之谈"中重新找回重振旗鼓的信心与焕发生机的密钥。

四、结语

从海派非遗的构成来看，有来自江南和全国的移民文化，也有从上海租界里学来的西方文化。但华洋杂居的混血基因，五方杂处的错综绽放，并没有使得海派非遗呈现出芜杂纷乱的面貌。相反，开阔的国际视野，以及对于异态文化的灵活异变、容纳吸收能力，使得传统与现代、本土与异乡、东方与西方在海派非遗中得到良好的统一，这种紧跟时代、博采众长的独特气质也使得海派非遗在一定程度上避免了本土文化中心主义带来的弊端。

海派非遗的融合性机制并非自然发展而来，而是经历了由"文化混合"到"文化融合"的过程。前者粗糙、浅薄，后者练达、圆融。更多处于多元文化混合区域的民众，对文化冲突、融合问题仅采取不求甚解的含糊态度，满足于文化混杂、似中似西、似古似今、似雅似俗、似新似旧、异类共存的局面[9]，是手工匠人与艺术家群体在混合中思变，锻造出海派非遗的融合性机制。同时，海派非物质文化遗产的融合性机制亦并非构成即永恒，应以开阔的视野，不断增强吸纳多元艺术的能力，继续完善与现代生活的缔结，海派非遗的融合之路道阻且长。

参考文献

［1］奥斯瓦尔德·斯宾格勒. 西方的没落［M］. 江月，译. 长沙：湖南文艺出版社，2011.

［2］吴昉. "海派剪纸艺术"传承与发展研究［D］. 上海：上海大学，2016.

［3］肖长培. 求新求变的海派石雕［J］. 上海工艺美术，2020（2）：38-40.

［4］赫尔曼·鲍辛格. 技术世界中的民间文化［M］. 桂林：广西师范大学出版社，2014.

［5］刘迎曦. 都市民俗学视野下的上海月份牌研究［D］. 上海：华东师范大学，2009.

［6］徐珂. 清稗类钞［M］. 北京：中华书局，1984.

［7］梁伟峰. 论上海租界与租界文化［J］. 江西社会科学，2005（3）：36-40.

［8］包炎辉. 上海绒绣［M］. 上海：上海人民美术出版社，2014.

［9］费成康. 中国租界史［M］. 上海：上海社科院出版社，1991.

外来 |

Foreign

本来·外来·未来：国际化视野中的沪上非遗研究

01 中西交融对上海非遗及都市文化个性的形塑[①]

陈勤建[②]

摘要： 上海自 1843 年开埠后，在城市化、现代化、国际化的征途中，原有的文化形态和表现形式在形成非遗的过程中，又受到了外来文明形态的浸染，以及城市五方杂处民众萌生的新文明形态的营造。这些因素共同孕育了上海都市非遗，造就了其独特的文化品位。其中在外来文明和新文明为代表的城市文明影响下形成的非遗，中西文化的融合体现得更为突出。上海都市非遗大抵出于两大源流：农耕文明与城市文明。该文将探讨重点放在城市文明非遗名录上，从上海城市文明形成的非物质文化遗产、原因及其内涵与城市个性三方面出发，探讨中西交融对上海都市非遗及文化个性的形塑。

关键词： 中西交融；上海非遗；都市文化个性

由于历史进程中行政区域的划分和变迁，上海都市非遗大抵出于两大源流：农耕文明与城市文明。上海农耕文明形成的非物质文化遗产，进入国家或本市非遗名录的主要有青浦田山歌、江南丝竹、上海道教音乐、舞龙竞技、罗店龙船、泗泾十锦细锣鼓、月浦锣鼓、浦东山歌、滚灯、手狮舞、卖盐茶、花篮马灯舞、打莲湘、花篮灯舞、吕巷小白龙、调狮子、锣鼓书、浦东说书、宣卷、白杨村山歌、浦东地区哭嫁哭丧歌、陈行谣谚、崇明山歌、鸟哨、乌泥泾手工棉纺织技艺、上海米糕制作技艺、徐行草编工艺、阿婆茶、摇快船、船拳等。上海行政区域内源于农业文明

---

① 段明慧，东华大学研究生，本文录音整理者，研究方向为艺术学理论。

② 陈勤建，华东师范大学终身教授，上海市非遗保护工作专家委员会副主任委员，非物质文化遗产研究专家，中国民俗学会前副会长，研究方向为文艺学、民俗学、民间文学、非物质文化遗产保护的教学和研究等。

的非物质文化遗产，主要来自上海原住民在当地特有的生态环境下长期形成的特定农耕生产、生活方式：稻作、渔捞、衣食住行、节日传统、风俗习惯中积淀的本土固有的系统文化。这些文化形态和表现形式，在形成非遗的过程中，受到文化生态环境相似的长三角吴越农耕文化的灌溉滋养，因此，大抵与长三角一带的非遗类型相同。上海城市文明形成的非物质文化遗产，其数量也颇为惊人。本文主要以城市文明为例，探究其相关的非物质文化遗产项目、形成原因以及上海非遗的内涵与都市个性。

一、上海城市文明形成的非物质文化遗产

上海城市文明形成的非物质文化遗产，进入国家或本市名录的主要有石库门里弄营造技艺、培罗蒙奉帮裁缝缝纫技艺、亨生奉帮裁缝缝纫技艺、龙凤旗袍制作技艺、老凤祥金银细金制作技艺、海派黄杨木雕、海派剪纸艺术、海派面塑艺术、海派旗袍制作技艺、精武体育、凯司令蛋糕制作技艺、钱币生产的手工雕刻技艺、钩针编织技艺、鸿翔女装制作工艺、海派绒绣、海派绒线编结技艺、昆剧（昆曲）、京剧、越剧、沪剧（申曲）、淮剧、海派杂技等一批海派当头的非遗。

上海城市文明形成的非物质文化遗产，主要聚集在上海城区行政区域和旧时的租界内。中西融合的路径，颇为明显。大致有以下三个途径：

（一）属地归化

一是属地归化，即由西方传统技艺和文化的属地归化而成。一部分非遗项目是上海本来没有的，但随着西方技艺文化的进入，逐渐在当地民众生产生活中生根开花，如海派绒绣、钩针编织技艺、珂罗版印刷、彩绘玻璃、月份牌等。经过百余年的传承，成为有特色的上海非遗手工艺。

以属地归化类别中耳熟能详的彩绘玻璃为例。彩绘玻璃工艺由法国传教士自法国移植而来，并逐渐成为土山湾特色手工艺的一绝。其制作过程为：先将设计稿画出，之后选用合适的颜料在玻璃上进行彩绘工作，绘出鸟兽、花草、人物等图像，再之后将玻璃置于炉中煨炙，等彩色渗入玻璃后，其色彩效果绚丽异常，永久不褪。当年上海高档楼宇、银行、教堂等高楼大厦里，经常用这种彩绘玻璃来作装饰。[1]在西方传教入中国时，彩绘玻璃便开始渐渐变革。图1所示的彩绘玻璃雕花橱柜在2014年由上海徐汇区文化局花巨资从外国买回。该橱柜于1912年制作，1915年参加了美国旧金山巴拿马博览会。博览会之后就留在了外国，被人收藏。后经专门的

图 1 土山湾彩绘玻璃雕花橱柜 [①]

途径，实现回归。该彩绘玻璃雕花橱柜正面两侧橱门中的六块彩绘玻璃，从左上至右下依次为"林逋赏梅" [②]"刘备招亲""七擒孟获""琴瑟和合""渊明对菊"和"文君当垆"。左中部彩绘玻璃的内侧底角印有"T'ou-Sè-Wè"法文字母，右下部彩绘玻璃的内、外侧底角均印有"土山湾"中文字样。 [2] 橱柜左、右两侧及橱门下方各有三块人物故事木雕。橱柜的正面底座有三个木雕抽屉，正面左右框都雕有五爪云龙。与大部分彩绘玻璃采用宗教题材不同，土山湾彩绘玻璃雕花橱柜上的彩绘玻璃，取材于我国民间流行的历史人物、戏剧及说唱故事，如《隋唐演义》《三国演义》《说岳全传》等。

（二）土洋糅合

二是土洋糅合。这也是大多数非遗中西融合的途径，即雏形出自当地原有的传统，受西风的熏陶，顺着上海国际化大都市成长的脉络，在中西交融的合力影响下壮大成形。上海石库门里弄营造技艺便是土洋糅合的典范。江南，特别是江浙一带，在历史发展中渐渐形成了以大院都有石条框架的黑漆木门而闻名的原有民居形式，即石库门住宅（图 2）。石库门住宅一推开，抬眼便是一个天井，其后多为一个伴随厢房的二层楼式厅房。房内依次递进，一进为一个空间单位，居住者常依据自身实力与需求分建成三进、五进、七进不等。质地坚固的地方山石一般作为宅院大门的框架，在当地地域文化中，其往往象征"泰山石敢当"，有以石镇邪的寓意。黑漆木大门搭配地方山石，整体更显庄严厚重。久而久之，石库门在江南乡镇居民心中逐渐成为一种"家居"的文化象征。1843 年上海开埠之后，住宅、城市等建筑受到西方影

---

① 图片由陈勤建老师的学生沈梅丽拍摄。

② 林逋赏梅：北宋隐逸诗人林逋，一生不娶不仕，隐居西湖孤山，以梅为妻，以鹤为子，后人称"梅妻鹤子"。平日种梅、赏梅、卖梅，生活怡然自乐，写下了不少梅花诗，《山园小梅》中的"疏影横斜水清浅，暗香浮动月黄昏"两句，更成了咏梅的千古绝唱。

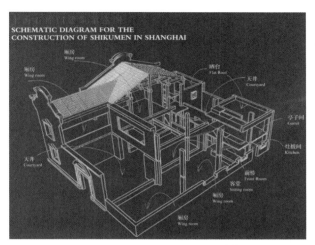

图 2 上海石库门建筑示意图[3]

响，逐渐呈现出带有西方风格的建筑特色。但其后，发展最为迅速、使市民最为受益、整体建筑面积最大的却是采用西式联体的中式江南地域民居格局——"石库门"住宅群。石库门居民是上海华洋杂处的社会文化的代表。

石库门住宅门口的"石敢当"为中国传统信仰的一个习俗表现。过去的人有个"门槛精"的说法。"门槛精"起初并非贬义词，而是褒义的，一般指大门口的石框做得好。一般而言，有钱人家做得精致一点，较为困苦的人家则做得简单一点。因此，过去被夸"门槛精"的，多是小康及以上的有钱人家。

上海的石库门住宅兴起于19世纪60年代。太平军军队的东进，使得镇江、苏州、宁波等苏南浙北城市纷纷被攻克，成千上万的难民被迫离开家乡，去往上海租界避难。[4]其中不少人原为当地富豪乡绅，他们背井离乡、居无定所。这些远离家乡的人，需要一个温暖的有着故乡味道的家。租界为接纳难民，动员商人投资住宅建设。一方面，这些乡绅内心迫切需要原来的家的感觉，房地产商于是大多顺应趋势，投其所好，参考江南民居样式，提取了石库门作为象征"家"的文化元素，并将其融合到住宅建设中。另一方面，为了减少投入，更充分利用土地，这些住宅大都以西式联排式构架为参照。于是就形成了既兼具欧洲风格又不乏上海地域文化建筑元素的新型民居——石库门里弄住宅。

（三）洋为中用

三是洋为中用，即一贯是本土固有的，但在都市化进程中，还是有意无意顺应中西融合的背景或影响。历来是本土固有的文化艺术样式，在发展中，经意或不经意地受到外来文化和艺术表现形式的浸染，发生融合。这在上海都市非遗中也时或可见，比如非遗沪剧。沪剧起源于吴淞江畔的青浦田歌①，是上海本土地域文化中最具代表性的剧种，和沪剧相似的还有松江农民书这种曲艺形式，农民书以黄浦江为界分为东乡调和西乡调。东乡调是花鼓戏的一种，发源于浦东，也是本地滩簧的简称，音乐唱腔具有浓郁的江南丝竹韵味。

1．滩簧——沪剧

清末民初，随着现代化国际大都市上海的崛起，原本乡土流行的民间俚曲——滩簧、花鼓戏，在五方杂处、中西交汇的生态环境中，与处在城市化发展中的上海，在经济、人文、社会等方面发生了密切的关联。展演地点从乡间田头，变为茶楼书场、游乐场、大世界大型剧场；表现形式也从单调的小曲——"本滩""申曲"，转变为用本地方言沪语对白、演唱，以西方式剧场舞台、舞美、灯光相配的综合性戏剧艺术，后定名为沪剧。

自发源之始，沪剧就以反映现实生活为使命。初期对子戏用说新闻和唱新闻的形式，描摹了清末市郊乡镇的风俗人情。沪剧进城后演出了大量的时装剧，迎合了市民观众新的国际化审美的需求，成为20世纪30—40年代沪剧演出的主流。[5]当时上海市民称之为"西装旗袍戏"，生动地反映了近代上海本土艺术在中西文化交汇背景下自然交融的情景。

2．西方舞台化的非遗越剧与非遗京昆

原本流连于浙江嵊州乡下的民间俚曲"落地唱书"，进入国际化大都市上海后，也发生了类似上海滩簧小曲演变成沪剧的历程，变身为西方舞台化的非遗越剧。

我国本土的非遗京昆，也是在上海受到外来文化影响，从梨园走向西方式剧场舞台的。在北京观摩京剧叫"听戏"，在上海观摩就称"看戏"。一"听"，一"看"，一字之差，实际大有差别。听是对传统声腔的欣赏，看就不是仅关注唱腔了，而是更重整体性的展演，还包括舞美、灯光、机关等方面，而这些深受西方舞台剧场的影响。

二、上海中西交融的非遗数量突出的原因

在上海，中西交融的非物质文化遗产数量众多，光彩夺目，在国内的非遗领域，是一道风格迥异的亮丽风景线。但是，环视国内，同样受西风的影响，甚至比上海

---

① 青浦田歌是伴随着六千年崧泽文化的稻作耕耘而来，可叙事，更可抒情，贴近生活，即兴创作，充满浓郁的乡土气息。

开埠要早几百年的广州，为什么这方面的表现没有上海突出？原因有多种。其中一地民众的民性、民情以及对外来文化的品鉴与消化接受能力对此有着较大的影响。

1843年上海开埠后，西方的工业技术、交通建筑、商业模式、戏剧小说、文化娱乐、美术音乐、手工技艺，以及衣食住行的各种方式涌入上海。身处其境的上海人，各方面因此深受浸染。到了20世纪初，上海无论是城市现代化的步伐还是中西融合的程度都已远超过广州。至20世纪20—30年代，上海已成为世界第五大都市。究其原因，多与上海人看待外部世界的理念有关。

上海人对外地、外来人一视同仁，做事只看人的本事，这点从俗称"浦东大（读音 du，二声）老倌"中便可看到：只要你比我"来噻"——能干，我就服你。[6]这样的理念也使他们对中外各种文化相对更加容纳。

上海人的"宽容尚本事"思维可从《沪江商业市景词》中看出："他方客弱主人强，独有申江让旅商。各操土音无敢侮，若能西语任倜傥。"在《申报》"在沪之人多系客居，并无土著"的语句中亦体现了上海人的宽容。上海人对有本事的人往往心生敬佩，对其不论祖籍出身坦荡称赞并尊之奉之，敢于"技不如人，自叹不如"。海内外移居人士因此容易融入这片土地，并在此尽情进行自我展示。

三、上海非遗的内涵与都市个性

非遗孕育了城市及其居民特有的生活文化和精神气质。非遗与都市文化个性和精神品位互为依存。如果说，文化遗产是城镇的历史文脉，那么物质文化遗产是城市文脉的肌理，而非物质文化遗产就是城市文脉的经络，蕴含着当地民众特有的理念、气度、神韵、情感和智慧，维系着城市历史文脉个性化活态生命的搏动，构成了一个城市的文化个性和独特的精神品味。上海都市非遗的形塑，同时也造就了上海国际大都市独特的精神气质和文化个性。

上海非遗所蕴含的理念、神韵、知识和智慧等，对后世的文化具有一定的思想感召力，对后世的行为规范起到一定的规范化模式作用。代代相传的行事方式、思想观念和精神力量，有意或无意地规范着上海人独特的行为规则、生活方式、礼仪规范、休闲娱乐、弄堂人情，从而形塑了上海独特的都市文化个性和民众的文化人格。上海都市文化人格的特征可以简单概括为以下五点。

（一）宽容尚本事

上海文化"海纳百川"的缘由与上海人"浦东大（读音：du）老倌"类似，都与对真才实干者的崇拜相关。上海大世界便是上海文化海纳百川的象征之一。在项目设置上，上海大世界一方面引进了外国娱乐项目，另一方面又汇集了中国各地如民间曲艺、戏曲等传统艺术。面向以平民为主的消费群体，舞台多样而充满包容性，处处体现了大世界海纳百川的海派娱乐文化精神。[7]上海大世界堪称上海20世纪初以当代非遗前身为主要内涵所形成的"中国式迪士尼乐园"的雏形。表1所示的节目单可见一斑：

表1 上海大世界演艺节目表（1917年8月19日）

剧场						
时间	楼下小京班剧场暨影戏场	楼下女子文明新剧场暨魔术	楼上评话弹词台	楼上杂耍台	三层楼丝竹台	屋顶露天电影场
14：00—15：00	京剧	女子新剧	苏州评弹		茶室观光	
15：00—16：00				文明宣卷		
16：00—17：00		日本魔术		苏滩		
17：00—18：00	影视			快书、口技、戏迷双簧、三弦拉戏		
18：00—19：00				单弦快书、巧耍花镖、太平歌词		
19：00—20：00		女子新剧		特别大鼓、文明大鼓		
20：00—21：00	京剧			宁波时调小曲	中国江南丝竹	露天电影
21：00—22：00				文明宣卷		
22：00—23：00		日本魔术		苏滩		
23：00—24：00	影视			快书、口技、戏迷双簧、三弦拉戏		露天电影
24：00—1：00		女子新剧		单弦快书、巧耍花镖、太平歌词		
1：00—2：00				特别大鼓、文明大鼓		

（二）顺变趋时尚

上海五方杂处，中西交汇。上海城市居民在生产技艺、生活品味等各个方面，应时顺变，吐故纳新，新鲜时髦，成为一种群体性的文化品味和时尚追求。海派旗袍就是满族旗袍在西风吹拂和上海女性追捧下的不断更新。

（三）精致又精美

江南精耕细作文化的传承与西方精工技艺在上海都市的非遗中融和交汇，形塑了上海人精致又精美的文化心理和诉求。这点在以松江画派文人画画理为宗旨，创造出"画绣结合"绣品的，被称为"画绣"的顾绣，[8]老凤祥金银制作和现当代上海旗袍的制作等技艺中也有所体现。

以现当代上海旗袍的制作为例。瀚艺旗袍（HANART）专业制作海派旗袍。瀚艺的艺术总监周朱光师从国家级非物质文化遗产龙凤旗袍制作技艺第二代传承人褚宏生先生。瀚艺旗袍的制作有 9 道核心技艺：镶、嵌、滚、宕、盘、绣、绘、钉、贴。"镶、嵌、滚、宕"即镶边、嵌线、滚边、宕条，盘为盘扣，绣为刺绣，绘为绘画，钉为钉珠工艺，贴为布料贴图案。一丝不苟，上承下传。瀚艺旗袍的制作在此核心传承基础上又增加了烫、刻、雕。即使用热"烫"工艺加水钻，以手工方式在面料上刻制图案及立体"雕塑"旗袍造型。为保护发展传统手工艺，制绣工序主张手绣。这其实在另一方面体现了上海人精益求精的审美心理。

（四）典雅有气度

上海都市非遗，也体现了上海人典雅有气度的文化人格。上海人一般注意自身仪表和风度，量身穿衣打扮。上海滩上历来藏龙卧虎，而且有本事的人一般都比较低调，他们办事往往讲究规矩、守时、细腻、周到和讲契约精神。

提起 20 世纪的上海，很多人脑海中的第一印象便是"夜上海"与绰约多姿的上海女性形象。"上海太太"这个名词，在当年并不仅指代出生在上海的女性，它更多指代的是一个极具特色的文化符号——东方的含蓄内敛与西方的性感开放，在摇曳生姿的旗袍中，共同熔铸了"上海太太"这一海派文化品牌。

（五）崇洋不媚外

中西交融形塑了上海都市非遗，而上海都市的非遗也造就了上海人崇洋又不媚外的文化个性和精神气质。上海人对外界的异质文化保持喜欢和好奇，却又不会太过于沉迷。这使得上海人屹立在中西内外文化汇聚的风口，既能够汲取外来文化之长处，又能够保持自己独有的文化个性。在学习、借鉴中将外来文化融入内化为自己的一部分，以崭新的面貌出现。

上海是中西经济、文化的交汇点，上海人既有兼容并包的开放精神，也有舍我其谁的文化自信。面对丰富多彩、五光十色的国际社会，上海的市井人群保留着一种独特的世俗心态。这种心态使得他们在关注外来新鲜事物的同时也能在文化冲击中保持心态不至失衡。因此，上海人看起来有点崇洋，但气质上不会媚外。

以徐宝庆[①]海派黄杨木雕为例。徐宝庆儿时进入土山湾孤儿工艺院。当时那里有一位曾在西班牙本土学过雕塑和油画的外籍教师那彦英。出于对徐宝庆的喜爱，那彦英对这个本不属于他管理的木工间学生倾注了很大精力。徐宝庆从他那里学习了

---

① 徐宝庆（1926—2008 年），浙江台州人。曾在土山湾孤儿工艺院学习西洋绘画、雕塑和雕刻。他是海派黄杨木雕工艺大师，这与他在土山湾培养的深厚的艺术根基及高超的雕刻技艺分不开。

基本的雕塑技巧。但徐宝庆毕竟是生活在中国江南的大地上，因此江南地区独特的地域文化生态、社会风尚和民间技艺等酿就的地方性知识，如潜在的河床那样时时影响着他的心愫及其技艺和题材的走向。从技术技巧考察，徐宝庆除向西班牙老师学习技艺外，还分别向日本雕刻家田中德和一位来自浙江的木雕师傅拜师求艺。因此，在自身手工技艺的形成过程中，他有意无意地将西方的解剖知识、素描技法、雕塑技巧与中国民间传统的黄杨雕刻技术进行了糅合，形成了自己圆润明快的雕刻风格。在作品表现上，他脱离西方雕刻技艺的传统宗教题材范畴，以严谨写实的现实主义为基调。其作品广泛涉及显示生活气息和民族内容的元素，讲求作品的生动传神，捕捉瞬间的灵动，气韵生动，充满艺术美感，整体作品既洋溢着浓郁的乡土风情，又展现了融合中西雕刻技艺的新建构，展示了真实的"学洋""不迷洋"的文化心态。

四、结语

综上，上海独特的中西交融的社会背景和历史，造就了上海海纳百川的胸襟和当地的民俗民情。外来文化通过属地归化、土洋糅合和洋为中用三个途径与本地文化结合，造就了上海文化的独特个性，丰富了上海文化的内涵。我国非遗中，上海中西交融的非遗为数众多。究其原因，离不开上海城市宽容尚本事、顺变趋时尚、精致又精美、典雅有气度、崇洋不媚外的文化个性和精神品位。海派非遗体现了上海的城市文化个性与上海人的精神品位，上海的都市文化与品位又营造并维系了上海非遗生生不息的文化生态。

参考文献

［1］倪敏.20世纪土山湾对上海民间手工技艺影响的调查报告［J］.非物质文化遗产研究集刊，2009：360-385.

［2］张福海.土山湾彩绘玻璃雕花橱柜的创造背景及纹样考证［J］.上海艺术评论，2020（2）：71-73.

［3］陈海汶.上海石库门［M］.上海：上海人民美术出版社，2012：7.

［4］段毅.不可错过的步高里［J］.社会与公益，2013（1）：28-29.

［5］褚伯承.一张印着上海风情的名片——沪剧申报国家非物质文化遗产［J］.上海戏剧，2005（12）：11.

［6］陈勤建.海派文化特征刍议［J］.文化学刊，2010（6）：96-98.

［7］沈亮.上海大世界（1917—1931）［D］.上海：上海戏剧学院，2005.

［8］陈勤建.非物质文化遗产的保护：生态场的恢复、整合和重建［J］.湖南文理学院学报（社会科学版），2009，34（2）：52-56.

［9］陈勤建.洋场与石库门［N］.社会科学报，2002-05-30（6）.

［10］曹伟明.沪剧的"娘家"——青浦与沪剧的渊源［J］.上海采风，2014（1）：68-71.

［11］卢慧敏.中国早期新式设计教育机构研究［D］.南京：南京艺术学院，2016.

02 外来与本来
——土山湾海派工艺溯源[①]

冯志浩[②]

摘要： 上海市非遗名录项目"土山湾手工工艺"与土山湾孤儿工艺院、徐家汇圣母院女工工场有十分密切的关系。土山湾孤儿院培养了许多手工艺人、画家、雕塑家，对上海的工艺美术教育起了重要作用。论文追溯了多项上海非遗项目与土山湾手工艺之间的关系，探寻了土山湾画馆与月份牌、彩绘玻璃的渊源，分析了土山湾孤儿工艺院的木雕和印刷中中西合璧的元素，梳理了土山湾海派工艺的发生、发展和传播路径。

关键词： 非物质文化遗产；土山湾手工艺；溯源

土山湾位于上海徐汇区，徐汇地区水系发达，当时为疏通肇家浜河，将河道淤泥挖出，堆积一旁，由此形成土山湾。2009 年，"土山湾手工工艺"被上海市人民政府列入第二批上海市级非遗名录。"土山湾手工工艺"包括的工艺项目主要有绒绣、编结、彩绘玻璃、月份牌绘画、泥塑、黄杨木雕、石印与珂罗版印刷等 7 项，前 2 项属于圣母院女工工场，第 3 项属于土山湾画馆，第 4 项和第 5 项属于土山湾传承部，第 6 项属于土山湾木工部，第 7 项属于土山湾印刷部。

一、当年土山湾体制与手工艺启蒙

（一）徐家汇圣母院

徐家汇圣母院 1855 年由薛孔昭在青浦横塘创办，1864 年迁至王家堂，1869 年复

---

① 苏富森，东华大学研究生，本文录音整理者，研究方向为艺术学理论。

② 冯志浩，上海龙华烈士纪念馆副研究馆员、全国文物保护先进工作者，原土山湾博物馆馆长，研究方向为上海近代史。

迁徐家汇。最初的圣母院至少由14幢建筑组成，每幢建筑能容纳300人以上。现存的四层白色楼房建于1929年。院内设有崇德女校（教内学子）、启明女校（教外学子）、育婴堂、聋哑学堂和女工作坊。1944年的《圣心报》第58卷第5期记载"圣母院在74年内收养的孤苦孩童不下80 000人"，平均一年有1 000多孤儿到圣母院生活。按照当时规定，孤儿全部进入圣母院内的育婴堂，一起经过"小毛头间"和"大毛头间"之后，5～6岁时，男孩送土山湾孤儿工艺院，而女孩则进入"小班"读书。[1]将近13岁的时候，这些女孩会进"大班"。

徐家汇圣母院女工作坊内设刺绣所、花边间、缝纫间、洗衣场、绒线间、修补室。刺绣所负责刺绣各种花卉、鸟兽山水等，大小绣件大都是各界所预定的。花边间负责代加工被单、枕套、台毯、饭巾、茶巾、手帕、妇孺服装等。缝纫间有不少的新式缝衣机，作代加工服装用。洗衣场分洗浆和熨褶两部分，水槽和电熨的设备极为完善。绒线间是修补室，是为适应社会需要，专代修补衣服、袜子、绒线编织等物，设有编织机、制袜机、摇纱机等新式工具。级别最高的是刺绣所，原因在于它的三年学制，其余工场一般只需学习2个月就可以出师。学徒第一年在刺绣间学习免收学费，同时无偿工作；第二年并无正式工资，但会收到奖金、补贴；至第三年，学徒有正式工资。花边间的学制仅两周。最初两周内没有任何报酬，之后至两个月没有正式工资，此后开始发正常工资。一些年纪大的女工会做带教老师，同时得到两个月的带教经费。花边间工人大多为13～18岁的女孩子。其他车间的女工则是从一开始就有报酬。[1]

徐家汇圣母院的工作时间是上午8：00—11：45，下午1：30—5：30，共6小时45分。对于在刺绣间和花边间工作出色的女工，会以"红点"和"黄点"的方式表示鼓励：一个"红点"值5个铜板，一个"黄点"值24个铜板，一年2次将这些"红点"和"黄点"兑换成实物或者补贴。每个女工都有一本小本子记账，如有病假和事假，一天扣3个铜板的奖金，不影响工资。据资料记载，1906年，圣母院内一位出色的女工，每月可以拿到5个或6个银元，年末还有年终奖。1912年，女工收入提高到每年包括工资和奖金共100～150个银元（300～400法郎）。[1]

值得注意的是，徐家汇圣母院女工配偶大多来自土山湾孤儿工艺院。土山湾工人工资比圣母院稍高，一家一年收入三四百银元。结婚以后，土山湾孤儿工艺院会分配30余平方米的房子，这并不适合当时的大家庭居住，家里人多的话，生活就比较拮据。

（二）土山湾孤儿工艺院

土山湾孤儿工艺院^①（图1）前身是育婴堂，后几经辗转迁至土山湾地区，专收教外孤儿，"衣之食之，教以工艺美术，其经费由中西教民捐助，或留堂工作，或出外谋生，悉听自便"^[2]。其学制与徐家汇圣母院略有不同，各个时期教育也不一样。可分为基础教育、职业教育两部分，基础教育在工艺院下属慈云小学完成，为孤儿提供普通教育。初级小学共四年，科目与普通学校相同，天资聪颖者可进入私立汇师中学、徐汇中学深造，重点培养，以期成才。职业教育包括两年制高级小学、两年制实习班。学生在高小期间实行"半工半读"，在工艺院各工场接受初级训练；实习班期间按孤儿自身特点分送各工场学习技艺，每日工作9小时，晚上有夜课；从实习班毕业后，转为3年学徒；学成之后，可留用为师傅，也可自行谋生。以李顺兴老先生为例，我们更容易理解工艺院学制。他当年在慈云小学学习，6年以后拿到毕业证书。小学毕业后他就开始了"半工半读"，参考他在职业学校的学艺证书、土山湾印刷署的实习证明，相当于初中文化程度。实习结束后是1951年，他找工作未果，土山湾孤儿工艺院就让他继续在土山湾印书馆工作，工资50元，勉强糊口。

二、土山湾画馆与月份牌及彩绘玻璃

（一）土山湾画馆

土山湾画馆是中国最早的职业美术学校，1850年在徐家汇天主堂（老堂）建立。1851年，西班牙雕塑家范廷佐将其在上海董家渡的工作室迁至徐家汇，称为徐家汇画室。1852年，范廷佐在画室的基础上创办了徐家汇工艺美术学校。^[3]范廷佐还邀请了意大利画家马义谷到工艺学校传授油画技艺和油画颜料的制作技艺。1856年，

图1　土山湾孤儿工艺院（土山湾博物馆提供）　　图2　美术教材（土山湾博物馆提供）

---

① 据《圣心报》第六十二卷二十期，土山湾孤儿工艺院建成1855年。

范廷佐去世，中国修士陆伯都接任，继续收徒传艺。1872年，陆伯都、刘必振将徐家汇工艺美术学校迁入土山湾孤儿工艺院，称作"土山湾画馆"。

土山湾画馆还出版了中国第一套美术教材。为培养学生基础的绘画理论和技艺体系，土山湾画馆专门编制了《绘事浅说》（两卷）、《铅笔习画帖》（三册）（图2）作为画馆教材使用，这也是中国最早、最完整的美术教科书。[2] 有别于传统的师徒制，土山湾画馆的老师可以按照教材教学，这成为中国职业教育的开端。

"土山湾亦有习画之所，盖中国西洋画之摇篮也。其中陶冶出之人物，如周湘，乃在上海最早设立美术学校之人。张聿光，徐咏青诸先生，俱有名于社会。"这是徐悲鸿于1943年3月15日在《时事新报》上《新艺术运动之回顾与前瞻》的一段评论，道出了土山湾画馆在中国美术教育上起过的重要作用。刘德斋在土山湾画馆做了三十年馆长，他和任伯年关系亲密。任伯年晚期绘国画之前，要用铅笔打草稿，铅笔由刘德斋赠予，刘德斋还教他用铅笔素描打草稿。刘德斋还培养了周湘、徐咏青、张聿光及其再传弟子张充仁（图3）。

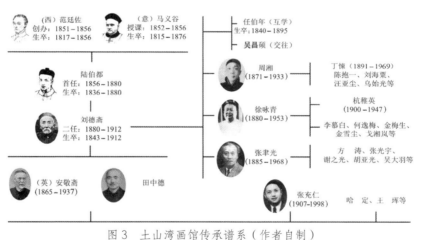

图3　土山湾画馆传承谱系（作者自制）

（二）月份牌

月份牌画面内容主要为民间喜闻乐见的中国故事，印制最初仍沿用传统的木版印刷工艺，后来逐渐过渡到产能巨大又价廉物美的石印工艺，并且很早就使用了彩印工艺。徐咏青与"月份牌"为何关系？徐咏青与"月份牌"并无直接关系，真正相干的是他的学员。

徐咏青于1893年正月进画馆学画，1898年正月满师，为时整整五年。徐咏青是画馆主任刘德斋最为喜爱的学生，在画馆历年的诸项科目考试中，如画真人稿（人物写生）、临石膏像、临五色花鸟画、花卉写生、书法等，他几乎每项都考第一。

毕业后，他在画馆整整服务了 7 年。1905 年，他离开土山湾画馆后进入商务印书馆，主要从事封面和插图的绘制。其后数度进出商务印书馆。1909 年 8 月 20 日，商务印书馆在《申报》刊登招生广告："商务印书馆印刷所招收艺术学生：15 至 18 岁学徒，修业 5 年，分绘图雕刻与五彩印刷两科。"[①]（据李超教授考证，当时录取了 30 人，其中就有颜文梁。）1913 年、1914 年，商务印书馆继续招生，徐咏青担任教员。1914 年的学员有杭稚英、金梅生、李咏森、金雪尘、鲁少飞，后来都成为"月份牌"广告画的后起之秀。

（三）彩绘玻璃

"土山湾画馆也是最早在中国生产推广彩绘玻璃工艺的机构，赋予海派建筑独特魅力，开创了中国建筑玻璃装饰工艺的先河。"[4] 彩绘玻璃工艺已经失传，今人在恢复建筑时也未能恢复原样。彩绘玻璃的精髓在于它不是彩色玻璃，而是在玻璃上用矿物颜料绘画。现在的矿物原料和原来有区别，而且彩绘玻璃利用氧化反应制作效果，等氧化完成后，再用还原反应继续做，然后烧制、夺氧，最终产生多种颜色。玻璃本身易碎，烧制过程就变得十分困难。因此，彩绘玻璃工艺在全世界都没有人能复制得特别好，只能尽量模仿。现在留存的彩绘玻璃大多表现宗教内容。土山湾有一套彩绘玻璃橱柜参加了 1915 年的世博会，表现了中国水彩画题材：文君当垆、琴瑟和合、刘备招亲、七擒孟获、渊明对菊、林逋赏梅等。橱柜高约 2.13 米，宽约 1.52 米，进深约 0.41 米。右下部彩绘玻璃的内、外侧底角均印有"土山湾"中文字样。橱柜的雕刻技艺继承中国传统技法，为苏浙地区的风格，还原木雕兴盛期精巧细致的韵味，具有极高的艺术欣赏价值。

三、土山湾的木雕和印刷

（一）木雕

土山湾木工部是土山湾孤儿工艺院内规模最大、产品最丰富的工场。1864 年由细木工场和雕花间合并而成。早期，木工部以设计建造江南地区教堂为主，并为其提供圣像、祭台和其他宗教用品，后期逐渐转向制作西式家具和木制雕刻工艺品。[5]

一般定制家具流程是客户直接把家具订单送到木工处，等待完成；土山湾木工工场的制作流程是先在打样间给客户画图纸，再拿着图纸到木工部制作，木工依照图纸雕琢家具在当时是比较先进的。木工部最有名的成品是在 1913 年、1915 年、1939 年三届万国博览会上展出的土山湾中国牌楼，全部使用榫卯结构，雕版精美。

---

① 《申报》，1909 年 8 月 20 日。

另外，现保存在美国的土山湾中国宝塔也十分精美，并且得过 1915 年巴拿马太平洋博览会金奖，也是全部使用榫卯结构，其中有一件看似破旧的塔，其实是用木头仿石头形态制造出的效果。木工部的另一件重要作品，是仍存放于比利时布鲁塞尔的中式小楼"中国宫"。1900 年，土山湾制作的园林模型参加了巴黎世博会，被比利时国王利奥波德二世瞥见，叹为观止。后来土山湾孤儿工艺院在清光绪三十二年（1906年）应他的订单制作了中式小楼，当时参加制作的工人和成年孤儿有 300 多人，耗时 3 年多。小楼高 18 米、长 30 米，中式小楼外形如中国宫殿样式，堪称精美绝伦。利奥波德二世对这件作品十分满意，又定制了一件八角亭，现存布鲁塞尔。土山湾木雕的巧思之处还体现在工人会在笨重的桌子下面装轮子，方便移动；会在中式椅子上做棕面，坐上去更舒适。

土山湾木雕的另一重要人物是徐宝庆，从他的经历可知，在土山湾学习木雕也要上解剖、绘画等基础课程，因此他的作品更写实。他的作品和传统黄杨木雕有很大区别。后者讲究国画线条美感，讲究神韵，不会凸显肌肉形态；而他则用肌肉关系表现人物形态，看得出制作人的绘画功底。他于 19 世纪 40 年代在土山湾完成的作品《最后的晚餐》，里面每个人的表情都刻画得非常精到。

（二）印刷

清同治六年（1867 年），土山湾孤儿院中已经有了一个独立的印刷部门，该部门由印刷部和发行部组成。清同治十三年（1874 年），印书馆引进活体铅字和自铸铅字承印气象台、博物院、天文台和磁场测量台等科研资料。

中国最有名的是活字印刷、木版印刷、雕版印刷，雕版印刷的优势是能够涂色，但花费时间和精力。19 世纪 40 年代，传教士进入中国，他们需要印制宣传单，但印量小、要求简单，这时用雕版印刷不太现实，因此工场引进了石版印刷，优点是单人可以完成所有印刷流程。石版印刷是以石板为版材，将图文直接用脂肪性物质书写、描绘在石板之上（"绘石"），或通过照相、转写纸、转写墨等方法（"落石"），将图文间接转印于石板之上，再进行印刷的工艺技术。[6] 清光绪二年（1876 年），上海徐家汇土山湾印刷所的石印、铅印部开始采用石版印刷书籍，由法国人翁相公和华人邱子昂主其事，专门印刷天主教宣教印刷品。

土山湾在 1876 年引进石版印刷，引进后并未有人知道，真正家喻户晓是在 1877 年。英国商人美查在上海开设"点石斋印书局"[7]，聘请原上海徐家汇土山湾印刷所的邱子昂为石印技师，并购进了手摇石印机，印刷《圣论详解》《康熙字典》等书籍。

石版印刷和传统印刷的区别是线条和明暗表现都不同。石版印刷后来又发展成彩色石印（图4），彩色石印采用落石制版法。落石制版是通过书写、描绘、照相等方法，先将图文制作在转印材料上，然后再将转印材料上的图文转移到石面上的工艺技术。彩色石印和照相石印皆采用落石制版法。[8]

图4　彩色石印（土山湾博物馆提供）

为了再次升级，土山湾印刷部又引进了珂罗版印刷，珂罗版印刷是一种平版印刷，用厚磨砂玻璃板涂上硅酸钠溶液，用水洗净、晾干后再涂上珂罗酊和重铬酸钾混合液，以无网阴图底片覆盖并使之曝光，底片形象即留在版上。珂罗版印刷经历了单色制作、双色套印、多色套印到多色接版套印等发展阶段，不断发展和完善。[9]

现在日本将珂罗版印刷申请为"联合国非物质文化遗产"，这项技术原是德国的，日本于1883年从波士顿引进石印，1889年成功试印珂罗版。现今只有中日两国会用珂罗版印刷。

有资料记载，土山湾是最早引进珂罗版印刷技术的。中国和日本是谁先引进珂罗版印刷，学界有几种争议：第一种是已经否定了的有正书局的说法；第二种是文明书局（1902年成立）引进，但也有资料称他们到日本学习时，并未有人传授。现在比较能确定的是，1907年商务印书馆引进了珂罗版印刷，这比日本1889年引进晚了很多年。查阅《徐汇区志》可知，清光绪元年（1875年），土山湾引进珂罗版印刷，购入铁机、圆盘机等印刷机器，除此之外，没有其他资料记载。当时做珂罗版印刷的人尚不确定，目前研究集中在安敬斋[①]身上，但时间不可能在19世纪80年代，因为他在1890年刚毕业，而且现有资料将珂罗版印刷品指向土山湾的圣母像。彩色石印可以印刷精美圣母像。从宗教层面讲，印刷的圣母像是给刚信教的教会人员用，资深教徒使用圣母雕像，再高级一点是圣母像绘画。1937年，知名摄影师郎静山采

---

① 安敬斋，名守约，字敬斋。1865年7月21日生于上海县城。父亲是英籍的爱尔兰人，在上海江海关税局工作。母亲是中国人。1888年入耶稣会的修院，1890年完成初学。

访安敬斋，安敬斋说"我最早引进珂罗版印刷技术"。另据《江南育婴堂记》记载，安敬斋当时就掌握了珂罗版印刷技术。可惜这份资料不能引用，因为大家不清楚它的作者是谁，业界普遍认为这本书的作者是安敬斋的老师刘德斋。安敬斋是中爱（爱尔兰）混血，名字也是取"敬重老师刘德斋"之意。刘德斋于1912年去世，那么在此之前一定有这本书。翻看安敬斋的资料可知，他在1890—1899年，在中国最早的博物馆——徐家汇博物院担任技师，绘制册页，这确实需要珂罗版印刷技术才能完成。1891年制作玻璃板原材料的人工合成技术出现，降低了珂罗版印刷品价格。综合几项技术，我们可以推测，安敬斋在1890—1899年学习到了珂罗版印刷技术，从他的言语中，我们可知他是从德国而非日本学来的。1900年，土山湾印书馆添置了照相铜锌版设备。至20世纪初，印书馆已采用机械排版，使用外文铸排机。1930年，印书馆引进西文浇铸排字机。

四、结语

综上不难发现，中西文化碰撞之下产生的土山湾工艺，既有外来文化的本土适应，也有本土文化的包容创新。土山湾手工工艺既是一项具有群体特色的上海非遗，同时也涵盖了多个单项的上海非遗名录项目，甚至包括国家级非遗项目如上海绒绣。土山湾已经成为海派文化"吸收外来，不忘本来"的独特案例。土山湾孤儿工艺院还对海派职业美术教育产生了重要影响，培养了许多人才。土山湾工场的手工工艺不断发展，至今仍在上海的中外文化交流中发挥着纽带和桥梁作用。

参考文献

［1］冯志浩. 徐家汇圣母院女工工场始末研究［J］. 上海工艺美术，2018（3）：29-31.

［2］潘鲁生. 关于海派工艺美术教育［J］. 上海工艺美术，2020（3）：2-5.

［3］孔得兵. 土山湾孤儿工艺院彩绘玻璃题材研究［J］. 上海工艺美术，2018（4）：97-99.

［4］洪霞. 土山湾画馆对中国工艺与美术教育发展的影响［J］. 中国美术研究，2014（3）：51-54.

［5］张福海. 土山湾彩绘玻璃雕花橱柜的创造背景及纹样考证［J］. 上海艺术评论，2020（2）：71-73.

［6］管庆恒. 石版画绘画性语言的转变［J］. 美术教育研究，2019（14）：14-15.

［7］高闻悦. 晚清新闻画报的编辑特点分析——以《点石斋画报（壬集）》为例［J］. 北京印刷学院学报，2019，27（5）：56-65.

［8］崔建利. 谈谈民国时期的石印古籍［J］. 兰台世界，2015（34）：167-169.

［9］晓然. 何谓珂罗版？［J］. 中国工会财会，2016（4）：58.

03 海派即无派　跨界呈境界
——海派剪纸的外来影响与国际化路径的探索①

李守白②

摘要： 海派艺术的发展兼具传承和创新，秉承吸取优势为己所用的理念，海派在新时期的新观念，要赋予艺术更多对未来的思考，作为艺术家既要有身为人类命运共同体的共情力，更要有本身对民族文化的基因保护，这也是作为非遗传承人的宗旨和责任。本文从欣赏海派艺术、国际艺术传播、跨界海派之约、海派艺术生活等方面来阐述海派剪纸受到的外来影响与其国际化路径的探索。

关键词： 海派剪纸；海派艺术；传承；发展

2020 年 11 月 22 日，学者们在东华大学开展了第八期非遗研修学术论坛——本来·外来·未来：国际化视野中的上海非遗项目研究。就非遗研修学术论坛"本来·外来·未来"词条，本文从以下四个方面阐述作为非遗传承人以及海派文化的践行者对这六个字的一些看法。

一、欣赏海派艺术

海派艺术，从纯绘画来说的话，应该是从晚清民国时期艺术大师吴昌硕一代开始，一步一步立起了海派艺术的典范。笔者一开始是受父亲和家族的影响，学习了绘画，后来进入上海工艺美术学院继续进修。对笔者来说，按照正统的学习路径走，只能算按部就班。有一次，一位老师拿出一本敦煌的壁画画册，一下子把我吸引住了，

---

① 张蓥桦，东华大学硕士研究生，本文录音整理者，研究方向为艺术学理论。

② 李守白，中国民间文艺家协会剪纸艺术委员会副主席，上海市文联副主席、上海民间文艺家协会主席。海派剪纸市级代表性传承人、上海守白文化艺术有限公司创始人兼艺术总监。

图 1 敦煌壁画　　　　　　　　　图 2 李守白绘《石库门》

好像冥冥之中和敦煌有说不尽的缘分。如今我的重彩画作品大部分都是受到了青年时期学习敦煌壁画的影响。

每一种艺术的起因都会受到外来因素的影响。拿我的重彩画来说，有人可以从中看到奥地利表现主义画家克林姆特的影子，与国外的其他绘画也有相似之处。其实，"你中有我，我中有你"的景象，就是海派文化的融合。敦煌重彩（图 1），是一种小众文化。在早些年绘画的时候，我苦闷于不知艺术道路到底怎么走，绘画之路怎样前行，如何才能将传统文化与现代化城市文化相结合。一次机缘巧合，在国外一个介绍中国敦煌文化的展览上，重新燃起了我在学生时代学习敦煌壁画的那股热情。之后，我将敦煌壁画的绘画技法用在绘画作品《石库门》（图 2）中。在展现出石库门的斑驳感和年代感的同时，这种"旧与新"的艺术结合方式，也为讲好城市故事起到了一定的作用。

很多人都问为什么"海派重彩画"一定要以海派名字命名，其实名称只是个冠名，重点是与绘画的融合。笔者的重彩画主题围绕着上海人的衣、食、住、行四个方面展开，这样就可以将很多故事一步一步描绘出来。比如以上海石库门为题材的滑稽戏《七十二家房客》，每家每户都有自己的故事，如何将每一个故事讲清楚，是一件很不容易的事情。画作《秋日品蟹》（图 3）和《忆韵》（图 4），是一次与意大利商会合作的产物，以海派的重彩画与商会的特产托斯卡纳的红酒做了结合。无论

图 3 李守白绘《秋日品蟹》　　　　　图 4 李守白绘《忆韵》

是非遗，还是当下艺术，都要保持"产、学、研"结合，使得作品既可以高高在上，又可以亲民落地。

图5至图8中的作品描绘的是上海人的风貌和上海的人文特点。其中有展现玩乐的场景（图5）、空间的场景（图6）、回娘家的场景（图7），还有当代的小女孩骑着共享单车的场景（图8）。不管是以前的题材，还是现在的题材，笔者的作品都是以一种靓丽的颜色来表现上海这座城市。

作为海派剪纸的传承人，剪纸对于笔者来说也是用"两条腿走路"的一种艺术形式：一条腿是用重彩的方法，另一条腿则是剪纸。很多人问："你的艺术为什么又有绘画又有剪纸？"实则两者并无矛盾。如果在掌握美术基础的前提下做剪纸，作品的表现力会更好，更具备丰富的视觉效果。

图9是民间艺术大师库淑兰的剪纸。当她的剪纸面世时，大家都不相信这是出自一位没有受过高等教育的陕西农妇之手。她的剪纸风格、颜色，都流露出她所热爱的生活的点点滴滴。她的早期剪纸作品都是传统的红色（图10），但一次偶然的遭遇改变了她的剪纸风格。构图大胆、色彩绚丽、人物形象饱满的作品令她受到了很多关注。

无论是马蒂斯的剪纸，还是个人的生肖剪纸，都是在不停地尝试、不局限于一种形式，从中探索自己的艺术语境，再加以提高。这个过程也是在探究艺术的本质

图5 李守白绘《冬聚雅舍》　　图6 李守白绘《客堂间》　　图7 李守白绘《回娘家》　　图8 李守白绘《芳华》

所在。笔者以为，海派剪纸的特点就是提炼艺术元素，要把剪纸作为艺术品来传播，而不是把它当作是一个纯粹的民间艺术。纯粹的民间艺术与城市文化并不相同，它有原始的农耕文化的基因，是我们文化的精华。所以在创作时，不能刻意去改变纯粹的民间艺术，而是要通过元素的提炼，进行艺术重组。

图11是用海派剪纸的方法描述的上海人的生活。剪纸作品中颜色不多，以黑色、红色、黄色、灰色四种颜色为主。城市文化相关的剪纸，以保留自己的风格为宜。

前几年，上海市政府为了完好和集中地体现上海的历史文化，将64条马路纳入了历史风貌道路保护名单中，并承诺对这些马路"永不拓宽"。以此作为灵感，笔者用套色的方法制作了64幅上海马路的剪纸作品（图12），这系列作品被上海城市规划展示馆收藏，于个人而言也是作为非遗传承人的一种担当和责任。

图9 库淑兰剪纸

图10 库淑兰早期剪纸

图11 李守白海派剪纸《上海人家》

近几年除了重彩画和剪纸，笔者又开始尝试钻研油画（图13）。个人认为止步于某种艺术形式是不可取的，而是应该对其做深入研究，于是重拾学生年代时的绘画风格，用丙烯的方法尝试了油画。它靓丽的颜色与变化的构图中依稀有着剪纸的影子。笔者的老师林曦明先生是一位国家级剪纸艺术家，所以笔者大部分画作中也都有剪纸的风格。

有人问为什么李守白的民间艺术有些抽象，依笔者看来这其实是一种当代的立体构成，把所有的建筑、人物进行立体的分解后，加以颜色进行涂鸦，以呈现一种新的效果，这也是一种尝试。当今有些从事艺术的人不敢"破坏"自己，但是无论是改革还是创新，对我来说都是一种"破坏"，只有把艺术"破坏"后重新组合，才能得到重生，才能出现一种新的艺术形式。艺术不是简单的修图，修一张图片贴到作品上的行为是不可取的，经过再设计、再创作的艺术品，才是在不断的探索。

图 12 李守白海派系列剪纸《上海马路》

图 13 李守白当代油画《朵朵》

艺术，包括非遗，本质上说都是一样的。就像艺术的三原色是红黄蓝，三个颜色单独拿出来都可以成立，代表着三个方面；也可以把三个颜色结合在一起，如从事艺术工作一样，多种艺术的整合更为精彩。

二、国际艺术传播

在不断探索专业的同时，国际艺术传播也很重要。如 2011 年中澳建交 40 周年之际，笔者在奥地利维也纳举办了个人艺术展；2012 年中德建交 40 周年时，在德国汉堡举办关于海派文化艺术的个人展览；2018 年时非常荣幸地与上海市委书记李强一同出访古巴，举办了改革开放四十周年的成果展（展览中三分之二是关于改革开放的图片，三分之一为个人海派艺术展）。2019 年，笔者在澳大利亚昆士兰州的汤斯维尔市筹办了个人艺术展。这里本是一个阳光之城，但那年突发洪水，半个城市被淹被，笔者以抗洪中的汤斯维尔市的市长为原型画了一幅《真心英雄》。

三、跨界海派之约

其实艺术本身就没有什么界限，就像海派文化一样。了解它的唯一方式就是走近它。

做文化，"产、学、研"结合非常重要。亚振家居是家具行业的佼佼者，具有装饰艺术的风格，设计也比较简练。海派文化与家具结合可以更好地为市场服务。如图 14 是笔者与亚振家居合作设计的椅子，体现了家具细节化的设计。图 15 中一男一女的椅子形象为笔者所设计，取名"伉俪椅"。这两把椅子在某种意义上与剪纸和重彩相似，用了现代的装饰风格。

图 14 与亚振家居合作设计的椅子　　　　　　　图 15 伉俪椅

在第二届上海进博会上，笔者的作品《上海童谣》荣获中国民间文艺家协会（简称"中国民协"）颁发的最高奖项"山花奖"。在初步构思作品时，我选择用三个特点来打动观众、打动评委：第一个特点是使用本地方言讲述童谣，读时朗朗上口——"笃笃笃，卖糖粥，三斤核桃……"（上海话）；第二个特点是把童谣作动态来表述；第三个特点是结合上海石库门的文化元素。三位合一，具有文化背景和内容的艺术作品就极具表现力了。世博会展示的视频是通过同济大学的动画处理，使原本静态、平面的剪纸变成了动漫作品，进行有动作、有上海话的动态展示。

2020年进博会时，笔者的一幅关于宁波裁缝在做衣服的画，作为展出上海旗袍的布景出现（图16）。

剪纸也有其他功能，如笔者的海派剪纸和亚振园区环境结合，以雕塑形式的环境装置出现（图17）。这两年上海在做城市改造微更新，而天下画匠太多，很难超越，于是笔者选择用剪纸的方式凸显自己的优势（图18）。

上海星巴克旗舰店开在新天地的时候，笔者曾与其开展过合作。美国的星巴克无论到哪里都是同一个模式，如何将本土文化和星巴克的咖啡文化相结合，这是一个

图 16 展会布景

图 17 亚振园区环境装置

图 18 上海西成里石库门改造主题海派剪纸雕塑

切入点（图 19）。这也是彰显民族文化的一种自信，通过与外国公司的合作将民族文化潜移默化地渗透出去。

意大利国宝级设计师斯蒂凡诺·乔凡诺尼曾设计过一款火爆全球的兔子椅，笔者用兔子灯和泼墨的方法做了延展设计（图 20）。图 21 是美国第二大家居品牌 Herman Miller 的一把椅子，笔者使用本土元素手绘的方法进行了设计。

图 19 上海星巴克旗舰店合作

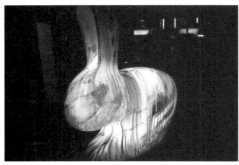

图 20 兔子灯、泼墨法　　　　　　　　图 21 手绘椅子

四、海派艺术生活

　　艺术也是需要衍生品的，比如实用美术之一的文创产品，兼具艺术性和美术性。图 22 是笔者与山东银凤股份有限公司合作设计的骨瓷杯垫，利用高温浮雕凹凸釉和版拓呈现出视觉效果；图 23 是笔者学生所设计的剪纸旅游产品，根据红色文化、海派文化和江南文化进行设计，获得了上海旅游纪念品设计大赛一等奖；图 24 是以笔者作品进行设计开发的"东方国色"等一系列文创产品，包括丝巾、充电宝、笔记本、抱枕等。

图 22 骨瓷杯垫　　　　　　　　　　　图 23 旅游纪念品

图 24 "东方国色"系列文创

五、结语

　　学习、传承发展海派艺术，要从海派艺术的溯源开始研究，结合国内外大环境，取之精华，去其糟粕。在不断探索专业的同时，与"产、学、研"相结合，以欣赏、糅合、创新的发展观来对待海派艺术。

04 国际化视野下的海派旗袍 [①]

刘瑜 [②]

摘要：该文以海派非遗的代表之一海派旗袍为研究对象，通过对其外形风格、设计细节、化妆发型、整体配伍，以及着装观念等多个指标的比照，将旗袍与西方主流女装进行梳理比较。文中论述了海派旗袍在保持传统服饰细节和风格的同时，吸收借鉴西方主流时尚的国际化现象，并提出这种传统与现代、民族与主流的融合借鉴对非遗的当代传承与创新有积极的借鉴意义。

关键词：非遗；海派旗袍；国际化

　　海派旗袍是民国海派文化的重要遗产，早在 2007 年，其制作技艺就被上海市人民政府列入第一批上海市级非物质文化遗产名录，2011 年又入选国家级非物质文化遗产名录。这种繁荣于民国时期的中国女性服装，以其独特的设计风格、工艺特色、审美呈现，闪耀于世界服饰舞台，是当代非遗传承和创新的重要内容之一。回顾海派旗袍的历史变迁，其在 20 世纪 20—40 年代的近 30 年间，一直是中国女性最广泛穿着的服饰品类。究其原因，乃是其在继承中国传统服饰（满族女性袍服以及汉族女性大褂）的同时，大胆地吸收和借鉴西方服饰的优势特点，紧紧跟随同时代的西方主流时尚之脚步，从而顺应了时代的需求，成为民国时期中国女性服饰的第一选择，甚至一度成为"国服"。无论在其发展初期（20 世纪 20 年代），还是在其全盛时期（20 世纪 30—40 年代），海派旗袍均有着明显的国际化现象。正是这种与国际主流

① 2015 年度教育部人文社会科学规划基金项目"民国'新中装'及其当代借鉴研究"（项目编号：15YJAZH046）。

② 刘瑜，东华大学教授，研究方向为中西服饰设计文化比较、时尚媒体与传播、时尚文化产业。

时尚同步的选择性国际化，使得其在近30年的发展历程中，一直保持其民国时期中国女性第一时装的地位。这种不断创新的思想，无不反映于海派旗袍各个时期的"新"细节、"新"搭配、"新"风格之中。这种既传承又发展、既"旧"又"新"的"新中装"策略，对当代"新中装"的发展亦有相当的借鉴性。

一、海派旗袍的产生

近代上海，大规模的移民涌入使城市规模扩大，人口的大量迁移也促进了近代上海城市的繁荣。这个新的都市，较少受到传统礼教的束缚，更易受西方文明影响。在西方文化及生活方式的不断渗透下，一种新的城市文化开始在上海酝酿，并最终形成了独特的海派文化。民国时期开放的社会风气，以及上海独特的人文和地理环境，孕育了民国时期的女性服饰之花——海派旗袍。

目前较为公认的海派旗袍源起之说法为：20世纪20年代初期，上海的女学生率先穿起这种新奇的时装。民国海派作家张爱玲写道："1921年，女人穿上了长袍……"[1]。1921年上海出版的第11期《解放画报》中《旗袍的来历和时髦》一文也提到"近日某某公司减价期间，来来往往的妇女，都穿着五光十色的旗袍"。刚刚出现于上海的旗袍，其款式宽大、厚重，长度及脚踝。今天看来，这样的款式不免保守，也完全没有展示女性的优美身体曲线。但就是这样的一身袍服，却是中国女性服饰的革新之物。因为，这种上下连属的服饰形式，完全颠覆了传统女性（汉族女性）上衣下裳的基本穿衣模式。

海派旗袍的产生城市之所以是上海，是因为上海远离中国的政治中心北京，是一个受传统观念束缚较小的城市。同时作为中国最早的开放口岸之一，上海又是最早接受西方思想文化和物质的地方。据记载，19世纪下半叶，全国仅有的三个介绍西学的官方机构中，有两个在上海[2]。且早在19世纪末年，上海便先后出现了十多种西文报纸。到民国时期，上海的西学之风更是盛行多时，西方人的审美情趣、伦理道德、价值观念等也悄然而至。从服饰品来看，早在19世纪末期，上海就出现了西方服饰。在辛亥革命前后（20世纪10年代初期），上海出现大量的西式男装。到了20世纪20年代初期，随着永安、先施等百货公司上海分公司的相继成立，各式各样的服饰舶来品大量进入上海，思想洋派、有经济实力的上海女性开始尝试西式女洋装[2]。由此可见，在海派旗袍产生的20世纪20年代初期，上海人对西方服饰已经非常熟悉，并且开始穿着。

关于旗袍最初的穿着者，民国时期大量原始记载和研究结论表明为"上海的女学生群体"[3-4]。留洋的或是在中国本土洋教会学校中的女学生，当时被称为"新女性"。她们较少受到旧式礼制的束缚，心理上容易接受新事物、新观念，认同西方文化的价值取向，喜欢西方的生活方式。这样的女学生群体，对西方服饰是非常熟悉、非常认同的，并且开始在日常生活中摒弃传统而繁复的"上衣下裙"装扮，大胆尝试时髦而简洁的西式裙装。女学生成了最新时尚的代言人，整个社会也出现了以女学生为榜样的新装扮。

如果说，民国女性大胆尝试上下连属的旗袍，是因为受到了满族女性的袍服和汉族男性的袍服影响。那么，她们也很有可能受到了西方女性袍服的影响，因为上下连属的袍服也是西方女性的典型服饰。对新潮便捷的西方服饰的认同，也是民国海派旗袍产生的重要影响因素之一。综上所述，20世纪20年代初期上海的女学生开始穿着旗袍，其可能的原因是多方面的，对西方女性裙装的借鉴是其中重要因素之一。也就是说，海派旗袍最初的产生，国际化的思想和国际化的式样便对其产生了重要的影响[5]。而在其日后的演变发展中，对西方主流女装的吸收和借鉴，也从未停止。

二、海派旗袍演变中的国际化

海派旗袍自产生后的数年时间内，从一种新颖独特的、仅为少数都市知识女性所穿着的先锋派女装，发展成为民国时期中国女性的第一日常服饰；从上海女学生的新奇袍装，发展成为全中国女性最广泛穿着的服饰品类。无论从时间上还是空间上来看，其在民国时期的发展都是惊人的。在中国服饰历史上，几乎没有一种女性服饰单品，可以在如此短的时间内，达到如此高的流行顶峰。从原因来看，正是其在传承与创新、传统与现代之间的平衡融合，顺应了大时代的需求，成为民国时期女性的流行服饰。纵观其流行演变，无论在发展初期，还是在全盛时期，海派旗袍均有着明显的国际化现象，即在继承中国传统服饰细节和风格特色的同时，又与西方主流时尚同步，从而在30多年中始终处于时尚的最前沿，迎合着民国都市女性的时尚需求，顺应了民国社会新生活方式的变迁。

（一）20世纪20年代海派旗袍的国际化

在西方服饰时尚史上，20世纪20年代被称作"女男孩"时期，即女性从身体形象和服饰装扮上否定自身的女性特征，而向男性看齐。在这个崇尚平胸骨感的年代里，女性以小男孩似的身材为美。与平板式身材一致的，是平板式的忽略胸腰线的管子状造型服饰[6]。20 世纪 20 年代中期，这种男性化或平胸型的女性形象似乎已经达到了顶峰。没有腰身的直线造型将女性的身体曲线掩盖，短短的头发也像极了男孩子。

中国女性数千年来有着以平胸为美的习俗（仅少数朝代比如唐代等除外），通过绑带或者紧小的内衣，将胸部紧紧地束缚，使其呈现出非自然的平面状。这种所谓的"平胸美学"思想，在民国初期仍然盛行。此时开始流行一种被称为"小背心"的女性内衣，这种内衣款式与马甲相似，但是极为紧小。其前片开口处缀有一排密纽，将胸乳紧紧扣住，这种紧胸的布背心将女性的胸部捆得紧紧的。巧合的是，这种以平胸为美的传统，竟然与 20 世纪 20 年代的西方时尚不谋而合。

图 1 1926 年第 40 期《北洋画报》上刊登的电影明星黎明晖照片

与紧小的"小背心"、束缚的胸部曲线一致的，是平直宽大的旗袍。这种不收胸省和腰省的直腰直线式旗袍，前衣片呈平板式，与同时期的西方女装十分相似。女性通过束胸后形成的扁平身体也与西方时髦的"女男孩"相似，构成了平胸、松腰、纤瘦的，宛如男孩般的旗袍形象（图 1）。在图案及装饰方面，海派旗袍一改传统中国女装重装饰的特点，摒弃了考究的镶嵌滚绣等传统手工工艺。旗袍的纹样出现了色彩鲜艳的色布和新奇的抽象几何纹样，这些大胆的配色和抽象的图案纹样，表明了人们对西方服饰的直接借鉴和模仿。另外，20 世纪 20 年代的西方流行女装由于受俄罗斯风格的影响，经常出现毛皮的边饰、领饰等装饰细节。这一细节也同样出现在中国旗袍中，在下摆、袖口等处以毛皮装饰。

此时海派旗袍总体外观形象，亦呈现明显的国际化现象。例如中国城市女性多穿着皮鞋，而非传统的布鞋。其式样与欧美流行款式几乎一致，均为尖头系带款式，鞋跟高度中等。另外，与 20 世纪 20 年代西方女性的流行发型几乎完全一致，短直发也是同时代中国女性最具代表性的时髦发式。

海派旗袍的诞生和发展还与上海滩上那些心灵手巧的裁缝师傅们息息相关。19 世纪中叶随着上海的开埠，一批来自宁波乡下的手艺人开始闯荡上海滩，其中也包括宁波帮裁缝（即奉帮裁缝）。后来随着越来越多洋行在上海的出现，外国雇员和

图 2 1928 年第 25 期《良友》画报上刊登的时装剪裁学校招生广告

中国的富家子弟在十里洋场兴起了一股穿西式服装的热潮，心灵手巧的宁波帮裁缝便率先引进西式服装的缝制技术，依据中国人的生理特点和心理需求，改良西式缝制技术，受到了洋派人士的极大欢迎。部分西方人以"白皮肤、红头发"为外貌特征，被当时的中国人称为"红毛"。这些宁波裁缝主要是缝制西方服饰的，因此被称为"红帮裁缝"[7]。后来上海也出现了专门教授西方服饰技术的学校（图2），红帮裁缝也有了系统接受西方服饰裁剪技术的大量机会，并开始出现对西式服饰技术和细节的借鉴。

（二）20 世纪 30 年代海派旗袍的国际化

与"女男孩"时期不同，20 世纪 30 年代的西方女性时尚是优雅和女性化。扁平体型不再时髦，取而代之的是凹凸有致的身材，人们转而追求更加具有女性味道的时装。成熟、优雅成为此时西方女性的时尚潮流，流行服饰的典型特点是突出胸腰臀的身体曲线以及长长的裙下摆。手套和帽子是成熟淑女的必须配置，头发不再是短直发的式样，而是电烫而成的卷曲波浪，以体现优雅成熟的女性味道。

西方女装的这些新特点也影响了海派旗袍的风尚。20 世纪 30 年代，海派旗袍在轮廓线型上一改以往的直腰直线式，为收腰曲线式。从技术工艺上来讲，海派旗袍除了肩袖部分仍采用连身平直结构外，身片处理则大量采用西式造型方法，出现了前后身片的省道、长袖旗袍的腋下分割（开刀）等处理余缺的结构，使旗袍更加称身合体，并突出女性身体曲线[8]。西式裁剪技术的应用也使旗袍看起来更加立体，且与同时代的欧洲女装几乎没有大差异，比如都有浑圆的肩部造型、衣身结构为多片分割或收省等，从而迎合了女性的时尚要求，这也是中国女性服饰形象的一次重要变革。旗袍的面料也不再以传统类型为主，而是大量运用"洋布"，出现了受西方艺术风格影响的纺织品，色彩艳丽、花形大而立体的花朵图案和几何条格纹样十分流行。特别值得一提的是 20 世纪 30 年代海派旗袍的流行长度，尤其从 1932 年到 1938 年，一直流行长款，其下摆甚至达到地面。据当时的报刊描述，"有些妇女的装束，的确有点不合式，旗袍太长了，几乎到地上，行走很不方便，高跟鞋子的跟太高了，有点立不稳。有一回，闻说有一个女人从电车上下来时，长袍绊住了鞋子，一跤跌倒在车旁边，虽然没有被车轮碾着，但受了伤，送到医院里去了"[9]。在西方女性流行长裙的 20 世纪 30 年代，海派旗袍也以"长"为尚。

海派旗袍和西式服装的搭配此时成为常态，比如西式短上衣、西式长大衣、西式风衣、西式马甲等。20 世纪初传入中国的丝袜（当时称玻璃丝袜）、高跟鞋，与海派旗袍形成了经典搭配。中长五指手套、皮质手包更是极为国际化的东西，在之前的中国女装史上从未出现过，而此时则是中国都市女性穿着旗袍时的必备服饰品。

前文所述的红帮裁缝的发展在 20 世纪 30 年代达到了顶峰。在男装方面，他们推出了适合中国人身形的"海派西服"，在女装方面，则是对海派旗袍的工艺技术进行了改良。经过红帮裁缝之手改良的旗袍从裁剪方法到结构都更加国际化，采用了腰省和胸省，彻底改变了旗袍的平面造型效果。另外，肩缝和装袖技术的引入，使肩部、背部、腋下变得更为合体。总之，改良后旗袍的袍身更为适体和实用，改变了传统女装的胸、肩、臀完全呈平直状态的造型，体现出东方女性的曲线美。这些中国裁缝除了学习裁剪技术，还开始订购最新的国外流行杂志、购买国外时新的面料、通过各种手段了解西方服饰潮流。红帮裁缝不仅在技术上胜人一筹，在营销策略上也积极学习西方先进经验，民国时期的红帮裁缝店已经开始借助诸如时装表演等新型手段，来宣传自己的新潮时装。上海滩的红帮裁缝创立过中国服装业的诸多第一，比如第一套西装、第一套中山装、第一家西服店、第一部西服理论专著（1933 年顾天云编写了我国第一部西服专著《西服裁剪指南》）、第一家服装职业学校（1947 年顾天云等人创办了第一所西服工艺学校）等[10]。

（三）20 世纪 40 年代海派旗袍的国际化

　　战火笼罩下的 20 世纪 40 年代，西方主流女装无论在款式上，还是在风格上，都有了很大的变化。战争时期的女装，不可避免地呈现出中性化趋势，形成实用、刚毅的外形风格。主要变化包括服饰的整体线条比较硬朗，上衣加入垫肩、裙子变短等。面部化妆则着重于展示女性的妩媚和成熟气质，如高挑的弧形眉毛、轮廓分明的红唇、浓重眼线所勾勒的杏仁眼型等。鲜亮的唇膏和指甲油是当时女性彩妆的必备品。

　　此外，海派旗袍在款式细节上还呈现出方便、实用的倾向。由于物资的匮乏，样式也简洁实用，长度在小腿中部和膝盖之间，领子变成可拆卸的衬领，不仅更加挺括，而且方便清洗。袖子也逐渐由短袖变成无袖，形成战争时期海派旗袍轻便的鲜明风格。

　　无独有偶的是，旗袍第一次加入了垫肩这一稀奇的服饰辅料。依据传统中国女性审美习俗，女性肩部以窄小、下落的"溜肩"为美，平直而厚实的肩部被认为是"丑"的，因此中国传统女装从来不强调女性的肩部。"垫肩"也是中国传统女装制作中闻所未闻的"洋货"。20 世纪 40 年代女性旗袍中垫肩的使用，不仅在中国服饰历史上属于首次，也是中国女性审美上的大转折。这样的观念转变，显然是受到了西方流行女装的影响。进入 20 世纪 40 年代中后期，海派旗袍进一步改良，采用了有省、分身、装袖的西式立体结构，使其在外观形式上、技术处理上都与西式女装越来相近。同时，海派旗袍在制作上还引入了很多其他的新鲜东西，比如各种铜制拉链、揿纽。源于西式服装的各种新材料的应用，不仅使海派旗袍穿着更加舒适，同时也使其在工艺方面越来越呈现出简单便捷的现代化特征。

20世纪40年代，时髦的中国女性穿着海派旗袍，前额顶部头发用发胶固定高耸，露出光洁的前额，描着细且高挑的流行眉形，画着艳丽饱满的唇妆，与欧洲最新杂志里的模特儿几乎一模一样（图3）。

图3 1948年4月24日上海《申报》所刊载的面料广告插图

三、结语

作为中国传统服饰重要遗产的海派旗袍，在民国时期得到了空前发展，从一种曾经的少数民族服饰（与满族女性袍服有着较深的渊源关系），发展成为所有女性广泛接受穿着的日常服饰。在全盛时期，海派旗袍甚至是一种全民女性服饰，即几乎不分民族、地域、年龄、阶层的全民女性服饰。

海派旗袍在民国时期的辉煌，与其"新中装"之服饰身份密切相关。其一方面保持"新中装"之"中装"身份，对源于中国传统服饰的诸多设计细节始终保持不变，如立领、斜襟、盘扣、滚边装饰等。另一方面坚持"新中装"之"新"变革，在款式细节、工艺结构、面料图案等方面，不断创新，始终保持对西方主流女装潮流的敏感性。同时在服饰形象的整体塑造方面，更是大胆借鉴西方时尚，使得其整体形象在传统之中凸显时髦新潮，从而吸引更多更广的穿着者。

"穷则变，变则通，通则久"（《周易·系辞下》），即强调事物处于穷尽局面须变革，变革后才会通达，通达就能长久。古人已知事物要长久，必须变革。也因此"变则通，通则久"。民国海派旗袍从20世纪20—40年代的近30年发展历程中，正是这种不断求新求变的国际化，使其始终处于时尚的前列，并得到了长久的发展。因此，民国海派旗袍国际化的根本是为了继承，是其在当时社会环境下的长久生存之道，也是顺应时代发展的传统文化继承之路。

参考文献

［1］张爱玲. 张爱玲全集：第三册［M］. 北京：十月文艺出版社，2008：50.

［2］墨菲. 上海——现代中国的钥匙［M］. 上海：上海人民出版社，1986：12.

［3］刘瑜. 中国旗袍文化史［M］. 上海：上海人民美术出版社，2011：74.

［4］松盛. 南京缎子谈［N］. 申报，1925-06-22（15）.

［5］屠诗聘. 上海市大观［M］. 上海：中国图书杂志公司，1948：17-22.

［6］刘瑜. 中西服装史［M］. 上海：上海人民美术出版社，2015：50.

［7］卞向阳. 论旗袍的流行起源［J］. 装饰，2003（11）：68-69.

［8］包铭新. 中国旗袍［M］. 上海：上海文化出版社，1998：27.

［9］佚名. 关于妇女的装束［J］. 东方杂志，1935（31）：19.

［10］马晨曲. 民国时期上海西服业的特征研究［D］. 上海：东华大学，2012.

05 略论国家级非遗上海绒绣的国际性特征 [①]

邵运文 [②]，柯玲 [③]

摘要： 上海绒绣是上海市的一项国家级非物质文化遗产，却有着非同一般的国际性特征。上海绒绣缘起的国际性是不争的史实。上海绒绣题材至今仍表现出鲜明的国际性特征：世界名画题材一直是上海绒绣表现突出的方面，西方宗教题材也一直是上海绒绣的保留版块，而名人绣像则是新中国上海绒绣工艺的创新发展。上海绒绣市场的国际性是绒绣生存发展和艺术提升的重要基础。

关键词： 非物质文化遗产；上海绒绣；国际性

上海绒绣于 2011 年入选我国第三批非物质文化遗产名录，成为继上海顾绣之后又一刺绣类的国家级非遗项目。上海绒绣与顾绣同为国家级非遗，但材质、针法、风格等各不相同。如果说融合了中国书画和刺绣的顾绣是上海土生土长的传统工艺美术，体现的是中华优秀传统文化的魅力和上海人古为今用的传承智慧，那么，融合了西方油画和刺绣的绒绣就是上海从国外拿来再造的传统，体现了中华优秀传统文化的包容性和上海工匠洋为中用的传承智慧。因而无论是从来源还是从工艺抑或销路来说，今天的上海绒绣依然不失其鲜明的国际性特征。

① 2018 年度上海市哲学社会科学规划课题"上海绒绣艺术的当代价值及其传承发展研究"（项目编号：2018BWY009）阶段性研究成果。

② 邵运文，上海第二工业大学讲师，研究方向为金融学、世界经济。

③ 柯玲，东华大学教授，硕士生导师，主要研究方向为非遗及非遗教育研究、民俗及民俗教育研究、跨文化交际及汉语国际教育研究等。

一、上海绒绣缘起的国际性

绒绣，英语称"needlepoint"或"tapestry"，是采用羊毛绒线（彩帷绒）手工绣制在特制的网眼麻布上，由千万个颗粒"次第排列""彩点组合"以点集成画面，因而也被称为"点子绣""斜针绣""毛线绣"。当今的欧美虽然会绒绣的人很少，但人们仍然对绒绣钟爱有加。绒绣起源于欧洲，在欧洲绒绣制作的普及性一度类似于我国古代女性的"女红"。鸦片战争后绒绣传入上海，因而上海绒绣的开场便自带了国际色彩。

据记载，14世纪德国的壁挂、祭坛用品和农民服装上已有类似绒绣针法的图案。16世纪以后，欧洲纺织技术有了很大进步，出现一种很牢固的麻织物，专供刺绣时用作底布来制作壁挂、桌毯和床罩。这种麻制品网眼尺寸精确，规格一律，在它上面进行各种针法排列可以显现出各种画面效果。于是便有人开始研究针法，现存的一件16世纪的绒绣针法样本是一块长条的亚麻网眼布，绣有斜针、十字针、套针等针法构成的图案。在法国国王路易十四统治时期，宫殿和皇家花园内使用了大量的壁毯进行装饰。法国巴黎、比利时安特卫普、荷兰阿姆斯特丹等都是织锦壁毯工艺十分发达的城市。织锦壁毯的工艺比较复杂，而绒绣工艺比织锦壁毯工艺简便，其外观效果和功能几乎与织锦壁毯一样。于是在16世纪时，就有绒绣以织锦壁毯的仿制品面目出现，也有了专业的绒绣生产。17世纪后欧洲的绒绣织锦壁毯出现了盛况空前的局面。[1]

英国是欧洲绒绣的中心，历代皇家贵妇包括女王玛丽一世（1516—1558年）、伊丽莎白一世（1533—1603年）都会绒绣。当时英国绒绣的题材大都是草木、花卉、动物、圣经故事、寓言故事和贵族纹章。伦敦维多利亚和阿尔伯特博物馆保存的一件著名的绒绣作品——勃兰特福台布，四周绣的是乡村风景，中心是一组交织的葡萄。当时绒绣产品除了做壁挂外还可以做沙发面、坐垫、拖鞋面、手袋、背心和大型书籍的封面等，以致绒绣一度成为欧洲和美国十分普及的手工艺品种。除了有绒绣作坊外，普通家庭和修道院都有人从事绒绣。维多利亚女王时代（1837—1901年），一个从柏林来英国的印刷商和他的妻子设计了一种用格子纸绘成的彩色绒绣图稿，使学习绒绣技术变得十分方便，加上当时推广用德国南方产的美利奴羊毛纺成的特别柔软的绒线作绒绣材料，以致英国把绒绣专门称为"柏林绒绣"。美国则承续了欧洲的绒绣传统，在其建国初期，各地刺绣职业学校课程中一般都有绒绣。由美国东北部新英格兰地区康特女士开设的学校的学生制作的绒绣，现存的有50多件，被视为珍品。[2]

19世纪工业革命后，由于欧洲大规模机器生产的发展，绒绣手工生产快速衰退。鸦片战争以后，中国被迫开埠，一些欧洲商人便想将一些手工艺生产引入中国，利用中国廉价的劳动力和传统的刺绣技艺为欧洲市场生产绒绣产品。于是，绒绣首先在中国被迫开放的通商口岸登陆。以上是上海绒绣产生的国际背景。

绒绣进入中国以后，传授绒绣工艺的主体也都是国际人士——以宗教人士为主，负责绒绣生产销售的机构多为教会、洋行。1906年，英国传教士詹姆斯·马茂兰在山东烟台（第二次鸦片战争后被迫对外开放的五个沿海城市之一）开设了"仁德洋行"，除经营花边、网扣外，还将欧洲的绒绣引进至烟台。他的妻子则创办了一所"培真女校"来传授技艺，所用的麻布由烟台"鼎新久"工厂生产。"仁德洋行"还附设绒绣工厂，雇佣培真女校的毕业生和一些教徒进行刺绣，其图案则由美国纽约专门经销绒绣的"路约赛特公司"按照法国路易十四时代的装饰风格设计，产品多为沙发靠垫。[3]

第一次鸦片战争后，上海被迫对外开放。当时，徐家汇天主教堂、董家渡天主教堂的传教士和修女在教友中传授流行于西方的绒绣技艺。起先作为传教休闲爱好自娱自乐，后来随着手工刺绣的交流，与本土刺绣艺术彼此相互影响，实现了中西方文化的民间碰撞。此后，从业人数日渐增多，有人从中窥得商机，出现代理人将外国带进的原材料发放给从事花边、抽纱和绒绣等副业的上海妇女，再收回半成品集中加工整理后供外商出口，这便形成了上海绒绣的源头。清同治三年（1864年），江南教区徐家汇耶稣会创办的孤儿院由董家渡迁入土山湾新址，建造了孤儿工艺场、土山湾画院等设施，有研究者从早期的土山湾孤儿院刺绣工场照片中发现了类似绒绣的产品（图1）。

1918年，美籍犹太人福斯特·格莱在上海的北京东路与圆明园路路口开设了谦礼洋行，经营中国传统的工艺品、文物及绒绣、花边等商品。1929年，除"谦礼"外还出现"公信""伟公""天平行"等洋行，本地绣工人数达300人，月产1 000件。

图1 20世纪初徐家汇"土山湾孤儿院"开设的刺绣工场
（图片来源：上海市非物质文化遗产保护中心）

1939 年谦礼洋行迁至上海四川中路 50 号，开始大量收购半成品绒绣花片出口，并通过"泰兴"花边商行招募女工，聘请意大利传教士传授绒绣技艺扩大生产。之后谦礼洋行又和在华经营花边业务的美国纽约"汉伦"洋行（当时最大商行之一）合作，成为其远东总代理，谦礼洋行在绒绣的进出口业务上处于垄断地位。[4]

从以上描述中，我们不难发现：上海绒绣缘起的国际性不言而喻。尽管落户上海等地，但那时绒绣在华的产销基本都由国际人士掌控，而且产品也都是销往国外（这种外销的传统一直延续至今）。[5] 绒绣的工艺不断改进，但有两项原材料一直未变：一是绒绣的绒线皆采用新西兰羊毛绒线，因其纤维强度和蓬松度皆好于国产羊毛绒线；二是染色用的颜料皆采用欧洲进口的金属型染料，因其色牢度高、色彩鲜艳。这两点至今仍被绒绣人作为判断正宗上海绒绣的标准。

二、上海绒绣题材的国际性

除了抹不掉的国际性基因，上海绒绣的作品题材也表现出鲜明的国际性特征。1949 年新中国成立以后，国内绒绣的指导、绣制、销售皆由国人当家作主，绒绣成为国人的一种艺术表达形式。绒绣工艺不断改进，在与中国传统刺绣结合的基础上不断创新，绒绣艺术新品不断涌现。但就作品的题材而言，相当一部分上海绒绣作品仍然带有浓厚的西方色彩，延续着西方刺绣的传统题材。

一般的中国传统刺绣，蓝本多取法我国传统吉祥图案或纹样，具有浓厚的中国特色。即便有"画绣"之称的顾绣，其蓝本也多是取自中国书画名品，再以极精致的刺绣方式呈现出来。上海绒绣在这一点上就有很大不同了。[6] 绒绣艺术品的题材不论是人物肖像、风景、动物、静物等具象题材，还是抽象题材，都有相当一部分是西方的传统题材。

首先，世界名画题材一直是上海绒绣表现的内容。笔者至上海绒绣相关的保护单位以及生产单位调研时发现，有一些世界名画几乎家家都有绣制，而且是常绣常新。绣得最多的有《蒙娜丽莎》《贝多芬》《向日葵》《鸢尾花》《红衣男孩》《自由引导人民》《宾铎·阿尔脱维提》《游艇上的午餐》《吻》《日本桥》等。

意大利文艺复兴时期画家达·芬奇的《蒙娜丽莎》，主要表现了女性典雅和恬静的典型形象，塑造了资本主义上升时期一位城市有产阶级妇女的形象。《抱银鼠的女子》也是一幅精美的肖像画，描绘了气质高贵沉静的切奇利娅·加莱拉尼。这两幅名画都深得绒绣大师们的喜爱。德国画家施蒂勒的《贝多芬》，作品主人公是举世闻名的音乐家。荷兰画家梵·高的《太阳花》《鸢尾花》以及《日本桥》等名作，对光与影作了完美诠释，创造了梦幻般的色彩传奇，为后人留下了宝贵的艺术财富。这些画作也是绒绣人十分喜爱的作品题材。《红衣男孩》是劳伦斯艺术生涯中闪亮的作品，以红色为主色调，人物、衣饰、神情、色彩浑然天成。该作品广受喜爱，也成为上海绒绣人像的常青主题。《宾铎·阿尔脱维提》是意大利文艺复兴时期艺术家拉斐尔的作品。《女预言家利比娅》是意大利艺术家米开朗基罗的作品。《拿破仑越过圣贝尔纳山》是法国画家雅克·路易·大卫创作于1801年的作品。《自由引导人民》是由法国画家德拉克罗瓦为纪念1830年法国七月革命而创作的油画作品。法国画家雷诺阿的《游艇上的午餐》，画面甜美明丽，以一种空前的新鲜生动和自然的面貌一扫学院派的沉闷和严谨。雷诺阿虽一生贫困，但他的画大都明朗、美丽，有着淡淡的暖意。雷诺阿的另一幅作品《春天的花束》是他对生活、对春天的情感表达。《春天的花束》虽然是一幅室内的静物画，但描绘出了春天的气息，传达出春天里大自然的勃勃生机，成为上海绒绣人喜爱有加的静物作品题材。奥地利象征主义画家克林姆特有多幅作品成为上海绒绣的蓝本。克林姆特的代表作《吻》，是他在黄金时期所创作的作品，相应的绒绣作品有着很好的市场需求。

　　上海绒绣作为题材使用的世界名画数量众多，难以一一列举。世界名画是全世界人心目中的经典，绒绣的再创造让众多世界名画以另一种方式获得了新生。之所以常绣常新，还因为不同的绒绣师对名画的理解和演绎有差异。用作绒绣题材的世界名画基本都是油画。与纸质的油画相比，上海绒绣演绎的"东方油画"呈现出了特别的魅力：品位高端且厚重敦稳、色彩富丽且养眼（因绒线不会反光）。[7]

　　其次，西方宗教题材一直是上海绒绣的保留题材。绒绣工艺本由传教士带来中国，因而绒绣作品采用原生宗教题材甚至作为用品为教会服务也就顺理成章。有一部分作品是为了宣传教义服务的，如《圣女则济利亚》是一个长篇宗教故事：圣女则济利亚是初期教会最著名的殉道贞女之一，她出身罗马贵族，自幼信奉圣教，并矢志终身守贞；她创造了西方历史上第一个被奇迹般地保存下来的圣人肉身，后来被西方人尊为音乐保护神。《圣女则济利亚》的神像成为劝说道友皈依、信徒膜拜的载体。

　　2013年，笔者在英国牛津的社区教堂中还看到教堂的长椅后面有成排的绒绣靠垫，上面绣着各种圣经故事或宗教图案。每当周末大人小孩集中起来做礼拜，有意思的是，礼拜之后，大人们一起聊天说笑，孩子则拿着这些绒绣靠垫在"老师"的引导下做各种游戏。据了解，这些精美的绒绣靠垫大多是本教区老一代教民贡献的，这些老一代教民极其喜欢绒绣。绒绣本是英国的传统工艺，献给教堂的绒绣靠垫既方便了人们祈祷做礼拜，也可以给孩子当玩具，并且寓教于乐。几个绒绣靠垫排列组合成的宗教连环画正好用来给孩子们讲故事。圣女则济利亚的名字载于弥撒正典内，受普世圣教会的敬礼，多位上海绒绣大师绣过这一题材，她们运用娴熟的技艺，把光感、表情、动作非常细腻地通过绒线表现出来。再如前面提到的世界名画《女预言家利比娅》，也是宗教题材的作品，原作是米开朗基罗为梵蒂冈西斯庭教堂所作的天顶画的一部分，恒源祥绒绣原创工作室创作了该名画的绒绣作品，是恒源祥绒绣名画系列之一。国家级非遗传承人李蔷带领绒绣工艺师们用精湛的技艺再现了画家娴熟的技巧，特别是严谨的人物造型和独特的"明暗均衡法"使人物产生了雕塑般的感觉，观众见此幅绒绣如见真迹。

上海绒绣中宗教题材的另一标志性产品是宗教节日礼物，最为典型的如圣诞袜。根据笔者的调研，2018 年沪上一家绒绣企业，仅圣诞袜一种，美国订货量就近 15 万只（表 1）。

表 1 2018 年度圣诞绒绣袜加工销售统计表（美国订单）

圣诞袜名称	数量 / 只	规格 / 厘米	绒线颜色 / 种	绣制针数 / 针 / 只
2 只小鹿	15 000	11×18	14	15 000
3 只小兔子	38 000	11×18	17	15 000
圣诞老人	12 000	11×18	21	15 000
企鹅	15 000	11×18	12	15 000
火车	15 000	11×18	15	15 000
圣诞树	10 000	10×17	10	11 000
机器人	10 000	10×17	15	11 000
拐杖	6 000	10×17	13	11 000
圣诞老人	13 000	10×17	16	11 000
雪人	15 000	10×17	15	11 000

数据来源：李琴绒绣设计工作室。

上述绒绣圣诞袜的图案大多为西方传统中圣诞节的主角，不仅手感温暖而且带着神奇的传说，给孩子们的节日生活带来了很多美好的想象。圣诞节的绒绣制品包括圣诞树的树裙，以及抱枕、靠枕、眼罩、袜子、钱包等。图案设计中，圣诞祝福语、圣诞老人、企鹅、圣诞树、兔子、雪人等皆为西方传统主题。其中，兔子图案尤其受欢迎。小兔子是复活节的一种象征，因它具有极强的繁殖能力，人们视它为新生命的创造者。节日中，成年人形象生动地告诉孩子们复活节彩蛋会孵化成小兔子。

我国制作的宗教题材的绒绣很多是教民信徒的日用品，其数量要远远超过绒绣艺术品，它们的出口不仅为国家创汇作出了贡献，也奠定了绒绣艺术品产生的工艺基础以及经济基础。

最后，国际名人绣像是上海绒绣工艺的创新发展。艺术人像的绣制属于绒绣工艺中的高端技艺。绒绣刚进上海时，主要生产日用品花样面料的半成品，图案、色彩也比较简单，如鞋面花、粉盒面、手提包、靠垫等小花片。虽然渐渐发展，但也只是加工一般的绒绣装饰、日用工艺品。后来刘佩珍、高婉玉、张梅君等绒绣前辈持续探索，在技艺上对绒绣进行了改良和创新，使绒绣上升为极具表现力的艺术品，开创了上海绒绣的一片新天地。[8]绒绣也从此成为中国刺绣行业中一朵奇葩。[9]

绒绣前辈刘佩珍（1922—2002年）在20世纪30年代首先运用绒线拼色工艺创作人物肖像绒绣，开了绒绣艺术作品之先河。她绣制的《高尔基像》，用300多种彩帷绒色线表现1 000多种色彩，并解决了色彩过渡的难点。这不仅标志着绒绣艺术作品和绒绣工艺日用品开始分流，而且开拓了上海绒绣艺术的新路。上海绒绣的艺术性自此有了质的飞跃，成为名副其实的"上海绒绣"。1949年12月，刘佩珍又绣制《斯大林像》为斯大林70寿诞献礼，从此开启了上海绒绣艺术品作为国礼馈赠世界各国元首政要的先河。后来，多次承担国礼绣制任务的上海红星绒绣厂先后出品了《毛泽东会见金日成》《阿尔巴尼亚霍查像》《毛泽东、周恩来会见尼克松》《江泽民与萨马兰奇》和《邓小平会见布什》等，皆为我国外交部赠送国际政要的纪念品，为中外友谊作出了贡献。

以刘佩珍为代表的刘家五姐妹（大姐刘佩金、三妹刘佩芬、四妹刘佩珠、五妹刘佩宝）于1956年绣制的《莎士比亚半身像》和《西斯廷圣母像》（依然是名画和宗教题材）曾在伦敦国际手工艺品博览会中国馆展出。1957年，刘佩珍进入上海市工艺美术研究室工作，继续从事绒绣艺术品研究，其作品曾在苏联、日本、德意志民主共和国展出。另一位重要的绒绣艺术大师高婉玉（1913—2004年）也是上海绒绣工艺创新发展历程中的重要人物，对绒绣的发展影响很大。高婉玉1953年绣制的《斯大林像》，在计针、配色、定位、染线，以及肖像色彩过渡等方面有着一系列的创新。20世纪80年代，高婉玉又采用发光彩帷绒色线，成功绣制了《昆明圆通寺大佛》，较好地表现了大佛光彩四溢的神秘质感，弥补了绒绣不能表现作品中高亮度部位的不足。高婉玉在国际人士艺术人像方面的代表作有《爱因斯坦像》《列宁像》等多幅。[10]

张梅君（1924—1987年）早在20世纪30年代末即从事绒绣，1957年到上海工艺美术研究室工作后技艺水平飞速提高。20世纪70年代初,她借鉴中国传统手绣工艺,成功地绣制了双面绒绣,为上海绒绣开拓了新路。她通过对"背光透明感"的研究,成功解决了人像绣制背光的用色问题;通过对"镶嵌绣"的研究,较好地处理了人物与背景的精细比例表现,刻画人物细腻逼真。张梅君的艺术人像代表作有世界名画《蒙娜丽莎》《周总理和尼赫鲁》等。师从张梅君的上海市级非遗传承人许凤英老师的个人相册中收集了自己绣制的20余幅定制的国际友人像,每一幅都耗费了数月甚至经年的功夫才能完成。据许老师介绍,这还只是一部分,这些只是在有拍摄条件时才拍照留念的。

目前上海绒绣的两位国家级非遗传承人唐明敏和李蔷均是艺术人像绣制的大师。唐明敏老师说她的艺术人像处女作是1979年绣的一幅德国小女孩(图2)。李蔷老师从红星绒绣厂到恒源祥集团工作后,于2004年建立恒源祥绒绣原创工作室,专攻国内外领袖像及国际名人肖像绣制,主要作品包括中国第一代领导人绣像系列、国际奥委会历任主席绣像系列、外国领导人绣像系列。[11]这些绣像均被相关纪念馆收

图2 国家级传承人唐明敏的
人像处女作
(图片来源:唐明敏提供)

藏,获得了国内外广泛好评。李蔷老师领衔完成的国际人士绣像作品有《纳尔逊·罗利赫拉赫拉·曼德拉》《伊丽莎白女王》,以及国际奥委会八任主席像等多幅。恒源祥绒绣原创工作室的绒绣作品既彰显了恒源祥集团热心体育事业的企业精神,也加深了中外之间的国际友谊。

上海绒绣国际题材的延展既是外来文化基因的拓展,也是国际化大都市上海的胸襟和眼界的表现。中外文化的融通促进了上海绒绣艺术水平的不断提高和国际影响的持续扩大。[12]

三、上海绒绣市场的国际性

从绒绣入沪开始至今近百年,国际市场一直是上海绒绣的主打市场。上海绒绣作为中国的一项国家级非遗主要面向的是国际市场,这在我国的非遗项目中不多见。新中国成立以后,绒绣生产虽有起伏但并未被勒令关停,而且还得到扶持。上海绒绣因而能在新中国的外汇市场中发挥特色,继续为国家的出口业务作贡献。

1949年初,上海绒绣商行的职工仅100人左右,加上散在郊区从事绒绣外发加工的约2 000人。绒绣生产商也仅有在浦东经营的私商张鹤鸣,产量有限,后在东昌、高桥当地政府的帮助下产量得到提升,并在外贸部门的努力下销路逐渐打开,1952

年生产绒绣绣片4 000件左右。1954年在浦东成立红星刺绣供销生产合作社,当时的上海县妇联组织各绒绣组代私商加工。1956年,高桥刺绣供销生产合作社与鹤鸣花边刺绣工艺社合并,更名为上海市第29绣品生产合作社,从业人员达151人,外发绒绣加工人员1 745人,年产值82万元。1955年,红星和高桥两社划归上海市工艺美术联合社,两个绒绣生产企业产品由联合社收购包销,全部外销。20世纪50年代,人民币与美元的汇率为2.23∶1~2.75∶1,上海绒绣是当时外贸企业创汇的最好品种。绒绣出口不仅连年创汇,还能为国家购回急需的紧缺物资。据老一辈绒绣人说,当时一个女式绒绣手提包出口到苏联,就能交换一吨优质钢材。可见,绒绣着实为国家创造了不少珍贵而又急需的外汇。上海绒绣出口形势在20世纪70年代又出现新的转机。绒绣出口原先主要销往苏联及其他欧洲国家,1972年尼克松访问中国,中美建交,两国进行贸易通商,绒绣这一从西欧传入我国的工艺品开始源源不断地进入美国市场,成为深受美国市场欢迎的热销品。上海外贸进出口公司抓住良机,绒绣工厂积极配合大力开拓国际市场,取得了良好的经济效益。当时五大洲的外商慕名来上海绒绣企业洽谈业务,看样订货者络绎不绝。不少客户还带着样稿或实物直接与厂方研讨方案,签订合同。还有客商亲自上门看样品、对比色彩、验收取货,一派繁忙景象。上海红星绒绣厂和东方绒绣厂的领导和外销员、设计人员经常应接不暇。两厂不仅顺利完满地完成了协作任务,还增进了工厂与客商双方之间的信任和友谊。上海绒绣的国际市场不断扩大,影响也越来越大。上海红星绒绣厂、东方绒绣厂步入了企业化规模生产。到1990年底,两厂加上上海工艺美术研究所内以创作、研究绒绣艺术作品为主的绒绣小组,共计470人,外发加工人数达1.25万,年出口达1 950万元。

20世纪90年代,上海绒绣瞄准国际市场动态,有了新的跨越。经过调整产品结构,开发圣诞袜、薄型装饰毯(毯上毯)、挂件等新品出口,同时增加了产品的附加值。绒绣出口重点地区也由原来的欧洲逐渐拓展至美国。加上上海绒绣的传统出口地区如德国、英国、法国、西班牙、瑞士、澳大利亚、丹麦、沙特阿拉伯、阿联酋、挪威、新西兰、科威特、埃及等国,以及中国香港地区,至此增加到40多个国家和地区。1995年是绒绣生产出口最好的一年,上海红星绒绣厂销售1 800余万元,东方绒绣厂销售2 000余万元,两厂合计销售达3 900万元左右,出口创汇1 100万美元,处于上海绒绣历史上的鼎盛时期。

上海绒绣市场的国际性还与审美习惯有关。正如国画为更多国人所欣赏,油画为更多西方人所喜爱一样,上海绒绣艺术本身就有"东方油画"之称。上海绒绣市场的国际性趋向其实也是适应了西方人的审美需求。当然，近年随着我国经济的崛起，一些上海绒绣人也在尝试用绒绣绣制国画，但终未形成主流。国画用顾绣的极致精巧工艺去表现更为相得益彰。一幅绒绣挂画和一幅顾绣精品放在中国女性面前，大多数人会更欣赏后者。至于绒绣沙发套、地毯、毯上毯等日用装饰工艺品还涉及生活习惯、居住民俗等方方面面，这些家居装饰原本亦非我国本色。市场一向是供需双方两厢情愿之事，带有浓厚西方审美色彩的上海绒绣也注定了不那么受国内市场的欢迎。当然，改革开放后随着中西文化交流的全面展开和我国总体经济水平的提高，喜欢上海绒绣的国人亦越来越多。[13]

上海绒绣国际市场的持续兴盛还与上海绒绣人的积极努力分不开。上海绒绣的设计师们呕心沥血，潜心研究不同国度的需求，竭尽全力满足国际市场的需要。不同国家有着不同的民族风俗、文化艺术、传统特色、生活习性，对绒绣的需求也因各自的追求和偏好而不同，为此上海绒绣的设计师们精心研究，深入了解不同国家和地区的风土人情、时尚趋势、偏爱色彩、流行款式等，创作出了精彩纷呈、千姿百态的样稿图案以满足全世界客户的不同需求。[14]有时设计师们还同客户一起反复探讨，共同创作，力争出色地完成每一笔外贸订单。据当年红星厂厂长包炎辉先生介绍，最多时红星、东方两绒绣厂生产的新货号有15 000余种。[15]有如此敬业的上海绒绣人，上海绒绣才能享誉国际市场，以至于在其经历断崖式的衰微后，国外仍有一些一线著名国际品牌前来上海寻找绒绣合作伙伴，希望借助上海绒绣留住这个在西方已经濒危的传统工艺美术品种。[16]

四、结语

绒绣在风云激荡的年代来到了中国，最后在上海成就了它的辉煌，也是在上海延续并发扬了它的国际性元素。2011年，上海绒绣项目作为传统美术列入我国第三批非物质文化遗产名录。上海绒绣中包含着中西共同的文化记忆和文化烙印。作为当下中外友谊和文化交流的纽带之一，上海绒绣连接起世界各国的绒绣艺术和绒绣人。上海绒绣艺术交流的国际性也契合我国的"一带一路"倡议，正在为构建人类命运共同体，实现美美与共的人类文化生态尽心尽力。

参考文献

［1］柯玲，边菲，苑国祥，等. 上海绒绣研究［M］. 上海：东华大学出版社，2020.

［2］王玺昌. 上海绒绣［M］. 上海：上海人民出版社，2018.

［3］包炎辉. 上海绒绣［M］. 上海：上海人民美术出版社，2014.

［4］欧阳君，包炎辉. 上海绒绣［M］. 上海：上海社会科学院出版社，2011.

［5］平苔. 海派绒绣 美轮美奂——上海绒绣中日四地巡展［J］. 上海工艺美术，2018（2）：14-17.

［6］夏寸草. 上海松江顾绣和海派绒绣的对比探析［J］. 设计，2017（13）：106-107.

［7］陈静静. 试论海派绒绣的工艺与特色［J］. 芒种，2015（15）：125-126.

［8］徐真. 非物质文化遗产保护语境下的上海绒绣艺术振兴之路——兼论艺术创新实践和民间工艺美术的现代融合［J］. 商，2013（18）：91.

［9］崔凤彦. 上海绒绣工艺美术的奇葩［J］. 上海工艺美术，2003（1）：17-18.

［10］世安. 德艺双馨绒绣里手——中国工艺美术大师、绒绣艺术家高婉玉［J］. 上海轻工业，2004（3）：42-43.

［11］包炎辉，唐明敏. 上海绒绣的传承和保护［J］. 创意设计源，2012（2）：50-61.

［12］杨格. 唐明敏的绒绣生涯［J］. 上海工艺美术，2005（3）：18-20.

［13］包炎辉，唐明敏. 上海绒绣的传承和保护［J］. 创意设计源，2012（2）：50-61.

［14］章磊. 包炎辉：为"非遗"插上时尚的翅膀［J］. 浦东开发，2016（6）：16-18.

［15］方舒，刘思弘. 草窝里的花凤凰——记洋泾绒绣传承人包炎辉［J］. 浦东开发，2009（4）：37-38.

［16］邹彬. 二十一世纪能否留住上海绒绣［J］. 上海工艺美术，2005（2）：28-31.

01 新媒体语境下非物质文化遗产传承与发展

——以昆曲《牡丹亭》为例

李甜甜 [①]，李勇智 [②]

摘要： 非物质文化遗产是一种与群众生活密切相关的活态文化，其传承和发展依托人为载体，源于人们日常生活中的行为方式和情感浸入。结合不同的文化背景和传播场域是非物质文化遗产在现今条件下创造性传播和创新性发展的关键。新媒体语境的形成和构建，为非物质文化遗产的推广和发展带来了新挑战和新机遇。《牡丹亭》作为昆曲的代表性作品之一，对昆曲在新媒体技术支持下做出的传播策略具有极大的研究意义，同时还能够以此为例探究新媒体语境下非物质文化遗产传承与发展的新突破和新策略。

关键词： 非物质文化遗产；新媒体；传承与发展

传统文化体现的是一个国家、一个民族的内涵和气质。随着互联网技术的发展和智能设备的更新，依托于即时通信而蓬勃发展的新媒体应运而生，同时也对传统文化的传播和推广带来了新的机遇和挑战。新媒体的传播无疑为传统文化找到了新的突破口和路径，传统文化可以依托新媒体这一平台进行更加广泛的推广。但伴随信息的更新之快、范围之广，也容易让传统文化的陷入窘境。如何利用新媒体的优势和特点，使其在非物质文化遗产的继承和传播上发挥正确积极的导向作用，是需要着重研究的课题。

昆曲作为一种基于视听的舞台表演艺术，拥有深厚的文化内涵和极致的视觉享受。新媒体发展至今，已经形成了一套完整的创作体系，研究并利用其内容特点和优势，可以更好、更高效地传播信息。目前，昆曲与新媒体的结合并不尽如人意。

---

① 李甜甜，东华大学硕士研究生，研究方向为数字媒体艺术设计与实践。

② 李勇智，东华大学副教授，研究方向为新媒体。

笔者将通过案例分析法分析当下已经出现的昆曲与新媒体的结合形式，并希望以此提供更多的思路和可能。

一、昆曲的概况与传播现状

（一）昆曲的概况

昆曲是我国民间传统戏剧的典型代表，京剧、越剧等传统戏剧的表演形式都深受昆曲的影响，故而昆曲又被称为"百戏之母"。2001 年，昆曲被联合国教科文组织以全票通过列为"人类口述和非物质遗产代表作"。自此，昆曲艺术作为中国传统文化艺术得到了世界的认可，成为了全人类宝贵的财富。

昆曲作为我国传统戏曲中历史最悠久的剧种之一，也称"昆山腔"或"昆腔"，现在又被称为"昆剧"。昆曲最早起源于元朝末年江苏省的苏州昆山，起初只是小范围传唱的地方声腔，后经魏良辅等人的改良，在保留原昆曲"流丽悠远""殊为可听"的特点外，又吸收了当时流行的余姚腔、弋阳腔、海盐腔的特点，再结合笛、笙等乐器的演奏，受到广大老百姓的喜爱，最终走向全国，成为"百戏之祖"。[1]昆曲凭借其独特的文化价值和上层社会的崇尚追捧，迅速在南北方传播。

（二）昆曲的传播现状

随着社会变革和地方戏曲的兴起，在清乾隆、嘉庆以后，昆曲逐渐开始衰落，到了清朝末期，昆曲几乎消亡。自此直到新中国成立后的 50 年内，昆曲一直在苦苦挣扎，虽然中间有过短暂的复兴，但情形并不乐观。一方面因为社会环境，人们生活条件的限制；另一方面由于昆曲作为一种古老戏种，与现代社会的文化背景已经产生了隔阂。

2001 年 5 月 18 日，昆曲被联合国教科文组织列为第一批"人类口述和非物质遗产代表作"。出于对非物质文化遗产的保护，政府开始对昆曲艺术给予支持和推广。随着社会和科技的发展，人们接受的信息以精悍、短小、快速为特点，再加上西方外来文化的冲击，很少有人愿意静下来细细体味昆曲的美。[2]比如昆曲的经典曲目《牡丹亭》，知道其名字的人数不胜数，但能真正做到赏听全篇的人却少之又少。

值得庆幸的是，国家推出了一系列政策为非物质文化遗产的传承保驾护航，昆曲因此得到了有效的保护和存续。昆曲的发源地苏州，拥有自己的昆曲艺术博物馆以及众多民间的昆曲工作室和戏曲团。不过可惜的是，昆曲深厚的文化价值和它冷遇的生存现状形成了鲜明的对比，同大多数文化遗产一样面临着传承困难和生存空间变小的问题。仅依靠昆曲在老一代心中的影响力，根本不足以促进昆曲在现代条件下的传承和发展。尤其处在当下新媒体语境中，如何结合新时代新媒体的传播特点对昆曲艺术进行有效的、广泛的传播，是需要大众深入思考的问题。

二、新媒体技术

（一）新媒体技术的特点

当下基于互联网的快速发展，一种新型媒体正在逐渐占据人们的生活空间。代表数字化、智能化的新媒体是一种不同于传统媒体的新形式，利用数字技术、互联网通信等技术实现数据和信息的多平台传播，包括网络信息媒体、手机自媒体、数字信号电视等，是一种实现链接和传播的新方式和新手段。相较于传统媒体而言，新媒体主要有以下三种特点。

第一，传播便捷化。与具有固定传播媒介的传统媒体不同，新媒体依托数字技术进行传播，将所有的信息缩减成二进制元编码，在不同终端之间实现信息的生产、传播和修改，没有地区和时间的限制，在传播途径上得到了极大的开放。同时也为非物质文化遗产的传播和推广提供了极大便利。

第二，信息大众化。新媒体时代，信息的传播具有更大的公平性和普及性。以网络平台为基础，以用户的信息需求和取向习惯为条件，只要拥有一部终端设备（如手机、电脑等），大数据便可以根据用户喜好传送定制信息，使得大众传播里的非遗变得触手可及、触耳可听。

第三，形式多元化。数字处理技术的广泛应用使得媒体的传播形式变得更加多元化。从单一到多样，从统一到分散，特性不同的信息也可以进行组合拼接，创造出新型的传播样式，这也是新媒体的优势之一。

（二）新媒体技术与非物质文化遗产

社会经济和现代科技在不断发展，人们的日常生活已经与当代技术密不可分。这就为非物质文化遗产的传播和表达提供了崭新的样式。在《技术世界中的民间文化》一书中，鲍辛格认为"技术不仅创造了新的物世界，而且带来了新的社会现实和精神现实，它使旧的视域变得模糊不清，而流传下来的民间财富在这里仍然行之有效"。[3] 技术是冰冷的，但是依托技术进行传播的非物质文化遗产却是有温度的。

早在 1950 年，著名音韵学家罗常培曾在《光明日报》发表文章谈到昆剧，文中罗先生说到："我们现在应该趁看老艺人还健在，许多非职业的昆曲名家还都没离开北京的时机，赶快把保存的音乐，分别南北，仔细地记录下来，作为创造人民音乐的一个重要环节，千万别等到它失传了以后追悔不及。"从这番话中也能看出信息的保存对于非物质文化遗产至关重要。

罗先生认为昆曲的衰退虽然有"先天性缺点"的原因。但他也坚定地指出昆曲的前途必然无量，不论是昆曲的音乐、身段还是语言，都是昆曲成为"人民艺术"和"文化财富"的法宝。昆曲的底蕴之深厚，价值之崇高，也为新媒体对昆曲这种非物质文化遗产的传播和推广带来了很多启示和动力。

三、新媒体语境下昆曲《牡丹亭》的多重表达

中国的戏曲都伴随着中国悠久的历史而萌芽和发展，经历了数代的演变，从唱念做打、一台一桌一椅，到在实景园林中结合光影艺术呈现视听盛宴。新媒体对于传播视听表演具有先天优势，《牡丹亭》作为一种表演艺术与新媒体的磁场不谋而合，诞生了多重的表达样式。

（一）实景昆剧《牡丹亭》

如今提到实景昆曲，首先想到的便是 2010 年由知名昆曲艺术家张军和著名舞蹈家黄豆豆联手打造的实景园林昆曲《梦回·牡丹亭》。自 2010 年第一次亮相上海朱家角课植园，现已经演出了上千场，已成为上海的一张文化名片。[4]

但早在 1999 年，美国林肯艺术中心就上演了有史以来第一个全本演出的《牡丹亭》，是由华裔导演陈士争所执导，这一版本也是第一次"实景"演出的昆曲表演。[5]这场演出在当时已经超出了昆曲本身的表演意义，极其成功地在西方文化视角里塑造了中国文化源远流长的形象。后来还在法国、德国、澳大利亚等国巡演，被当时的报纸称为"二十世纪最受瞩目的文化盛事之一"。[6]

（二）多维联动下的动画《牡丹亭》

2011 年中国传媒大学出品了水墨风格的动画《游园惊梦》，这部作品用抽象的表现手法着重展现了杜丽娘和柳梦梅在梦中相识相爱的场景，水墨的运用使整个画面韵味十足，极具意象地展现了杜丽娘和柳梦梅情感的流变过程，成功实现了《牡丹亭》在第二维度的意象表达。

2017 年腾讯大型在线战术竞技游戏（MOBA 手游）"王者荣耀"联合润物定格工作室，用"定格"动画这一独具魅力的动画形式为这段被传唱了数百年的爱情故事注入新的活力。游戏跨界遇上经典名篇，碰撞出了别样的火花，梦幻般的合作联

动也带领昆曲《牡丹亭》进入了广大游戏玩家的视野。

除了关于《牡丹亭》的实验性动画以外，国内并没有出现一部以昆曲为题材的动画长篇作品。国家一直致力于推动非遗的宣传和保护，关于各种非遗的宣传片和纪录片层出不穷。2019年出品的国创动画《京剧猫》和《大理寺日志》，都对我国传统文化进行了提炼再造，针对当下年轻人的喜好进行创新创作，将猫的形象融入到角色设计中。在收获好评的同时，也鼓励了更多人主动去了解中国传统文化，这对于昆曲艺术的推广也是一个新的方向。[6]

（三）传统与现代融合的旋律《牡丹亭畔》

由西门振等人作词作曲并演唱的歌曲《牡丹亭畔》，灵感来源于《牡丹亭》的唱词。"不到园林，怎知春色如许""原来姹紫嫣红开遍，似这般都付与断井颓垣"等绝美唱段被巧妙融合在旋律之中。将传统戏曲拆解又组合，模糊了传统文化与流行艺术的边界，极大地促进了听众欣赏和传播传统文化的主动性和趣味性。音阙诗听的《游园惊梦》同样取材于《牡丹亭》，以另一种音乐风格进行展现。戏腔的应用近年来极受到欢迎，传统戏曲和流行音乐的碰撞受到了许多年轻人的关注。新媒体创作者应该抓住这一优势，对昆曲的唱词、唱腔进行捕捉提炼。昆曲本身古典意味浓厚，不管是同类型的融合还是不同风格的穿插，都可取得极佳的效果。

（四）影视中的昆曲造型

2010年李少红执导的电视剧《红楼梦》中角色的造型灵感便来源于昆曲。李少红希望借用昆曲的气质给新版《红楼梦》营造出古典之美。虽说观众对此褒贬不一，但足以证明昆曲的韵味已深入人心。1993年香港著名导演徐克执导的电影《青蛇》中，白蛇和青蛇的角色设计参考了昆曲的造型，为美艳的女性形象盖上了古典的头纱，受到观众的一致好评。现下国风四起，国家大力弘扬推动传统文化的再发现和再创造，昆曲的服饰、步法，如何从大众出发，结合其自身语境和习惯创造出吸引他们的内容，都应该是新媒体人关注和挖掘的重点。

四、结语

非物质文化遗产是人类历史上宝贵的精神财富和文化财富，见证了国家和时代发展的每一步脚印，见证了一个民族长期以来形成的地方特色和民族情感。[7]当下，我国在优秀传统文化的传承和象征上做了多种尝试。非物质文化遗产的传播不能仅凭借自身的内涵和样貌，还要有鲜明、独特的符号性转化，让新媒体成为连接非物质文化遗产和公众的桥梁和介质。

新媒体技术的发展仍在继续深入，增强现实技术（AR）、虚拟现实技术（VR）、混合现实技术（MR）的发展为新媒体的呈现方式提供了无限可能。新媒体创作者应以日常生活中的情感浸入为突破点，以非遗浓厚的文化背景为支撑，充分利用现代科技手段和数字创新，结合新媒体技术为非物质文化遗产的传承和发展推波助力。只有充分发掘有温度、有情感的非遗新形式，才能充分激发非遗在人们心中的情感共鸣，扩大非遗在人民群众间的影响力。

参考文献

［1］徐渭．南词叙录［M］∥中国戏曲研究院．中国古典戏曲论著集成（三）．北京：中国戏剧出版社，1959．

［2］曾芸．新媒体视角下非物质文化遗产发展研究［J］．传媒观察，2010（8）：42-44．

［3］赫尔曼·鲍辛格．技术世界中的民间文化［M］．桂林：广西师范大学出版社，2014．

［4］张冉，夏华．实景园林昆曲与舞台昆曲的艺术创作比较［J］．戏剧丛刊，2013（1）：82-85．

［5］尹尧鸿．中国戏曲对外传播途径初探——以《牡丹亭》的传播为例［J］．新余学院学报，2019（1）：121-124．

［6］李智．独立东风看牡丹：陈士争版《牡丹亭》与传统戏曲的挖掘视角［J］．电影评介，2009（20）：109-110．

［7］柯凡．昆曲在当代的传承和发展［D］．北京：中国艺术研究院，2008．

02 5G 时代非遗数字化传播的路径转向与场景重构

——以皮影戏为例①

徐忠明②

摘要：伴随 5G 时代的到来，开展对非遗数字化传播的研究，既是学理探索，也是对非遗保护与传承的现实关切。基于非遗数字化传播形式单一、交互性不足等诸多难题，文章选取皮影戏为研究对象，从厘清非遗的数字化传播属性与传播现状着手，探讨在 5G 驱动下，5G 技术与 AI、VR 的结合，对短视频传播的助力，这对于重构非遗数字化传播的场景，从而突破"在地性"，引起更广泛的情感共鸣，具有深远意义。

关键词：非遗；数字化传播；5G 技术；场景重构；皮影戏

非物质文化遗产（以下简称"非遗"）的保护与传播一直是学界、政界以及社会关注的焦点。《保护非物质文化遗产公约》自 2003 年始发布时，即阐明了"非物质文化遗产"概念的诞生主要源于其本身的特质对于人类文化的珍贵价值，以及在当代社会所面临的保护和传播乏善可陈的事实。经济社会的迅猛发展和人们文化需求的有增无已极大冲击了非遗的生存根基，从传播学的角度看，《公约》的制定以及号召的一系列保护活动实际上是对非遗传播的有力介入。[1]

伴随 5G 技术的应用与普及，学界对"新媒体语境下的文化传播"这一议题也有着诸多探讨：5G 时代万物互联、万物皆媒体，基于这一背景，如何让"技术＋文化"逻辑自洽是构建传播形态及传播场景时首先应考虑的问题。[2]此外，5G 技术在重构新的传播场景的同时，短视频这一表达方式或将成为传统文化焕发新生的关键[3]。

---

① 华东政法大学传播学院 2019 级研究生创新项目"大众文化视野下公共文化服务供给路径的优化探析"（项目编号：HZ201911）阶段性成果。

② 徐忠明，华东政法大学研究生，研究方向为非遗传播。

利用新媒体艺术突出的技术禀赋，将5G技术同人工智能技术、虚拟现实技术有机结合起来，更好的发挥人工智能个性化智能分发的特性[4]，同时充分利用虚拟现实强大的信息传达与交互体验，从传播主体、传播内容、传播体验等多方面促进非遗传播要素的嬗变，进而赋能非遗的数字化传播。

一、非遗数字化传播的表现与困境

（一）非遗的数字化传播是文化的传播

从传播学角度来看，文化既是传播的文化，也存在新陈代谢的过程，保持非遗的本真性和独特性是关键所在。所以在非遗数字化传播的过程中，首先需要明确非遗的传播是其文化的传播，在非遗数字化传播的过程中应考虑到"技术＋文化"的逻辑自洽，充分尊重其原生意蕴，以免失之偏颇。

以皮影文化的传播为例，皮影戏角色的性格分明，主题多为"歌颂真善美，鞭挞假恶丑"，这两种特性在很大程度上影响着皮影戏的传播，加之非遗特有的活态性、变异性等，共同塑造了皮影戏独一无二的传播形态。尽管时代变迁，作为活态文化的皮影，也能因势而动，出现了新的传播和传承方式。比如，"皮一下很开心"话题活动由抖音和龙在天皮影戏团联合发起后，半年时间里关于皮影的短视频播放量累计达到50亿，在年轻人群体中掀起了一股热潮，与之相伴的"皮影直播"也是层出不穷，其传播广度和影响力可见一斑。

（二）依托互联网平台，非遗传播主体不断扩大

根据中国互联网络信息中心（CNNIC）发布的第46次《中国互联网络发展状况统计报告》显示，截至2020年6月，我国网民规模已达9.40亿，互联网普及率达67.0％，手机网民规模达9.32亿。[5]毋庸置疑，智能手机终端成为众多文化形态传播范围最广、传播受众更多的平台，受众足不出户，便可依靠智能手机终端满足其文化需求。而手机中的抖音短视频也顺势而为，通过一系列扶持传统文化传播的项目，成为当下国内最大的非遗传播平台。在我国的非遗项目中，超过九成的非遗传承人都纷纷入驻抖音平台，发布一系列关于非遗制作、表演等方面的短视频，一时好评如潮。而短视频对非遗的赋能和传播作用既让非遗变得不再"高冷"、富有时代气息，也使更多非遗传承人的"生花妙笔"为大众认可。

皮影即是其中的一个代表。2020年上半年新冠肺炎疫情期间，陇东皮影、成都皮影、泰山皮影等不同流派的皮影传承者凭借在抖音上发布的皮影制作、皮影表演的短视频，粉丝量与话题度持续攀升，在年轻人中顺利"破圈"。"抖音搭台、皮影唱戏"的新形式让皮影的传播突破了时空限制，将每个受众都变成了皮影潜在的

传播主体，皮影文化元素在互联网平台不断扩大的同时，也得以更好地渗透到当代社会语境中。

（三）基于 5G 技术，以传承人为中心构建传播场景

在新媒体背景下，非遗依靠人际传播，无论在广度上还是速率上显然不及大众传播，而时下较热的 5G 技术极大地拓展了非遗传播的广度和深度。首先，5G 技术对"在地性"资源的需求能够最大限度保障传承人的主体性，不至于喧宾夺主，让传承人在非遗传播中获得主体占位。在阿里巴巴、腾讯等头部互联网企业相继对用户划分垄断之后，挖掘、利用在地性资源，完成用户由线下至线上的过渡，成为 5G 时代超级互联网公司的主要目标。依托于 5G 技术，传承人、AI 和社会平台可通力协作，完成非遗文字、录音、摄影、摄像等传播行为。

以 5G 时代的皮影传播为例，5G 技术的运用能使皮影文化生态焕然一新，VR、AR 与现实有机结合成为可能。一方面超低延时带来的与现实零距离的场景，受众在参观皮影博物馆时的沉浸式体验更完整，另一方面超高接入速率实现 VR、AR 的场景再造与再现。"皮影传播主体＋技术""技术＋技术""皮影实体空间＋虚拟空间"，都能在 5G 技术的推动下，重构和创造皮影传播新的场景。

（四）非遗数字化传播的现实困境

为了进一步梳理皮影传承、数字化传播等方面的现状，笔者采用问卷式调查及随机抽样调查，针对皮影的传承、传播、参展体验等方面，进行了线上调查。问卷结果显示，具有重要文化价值和审美意蕴的皮影在保护与传播方面并不乐观，了解较少和完全不了解的人群占比高达 78.5%，超过 81.5% 的被访者表示非遗数字化博物馆建设情况一般，数字化技术较为落后，展示形式太过单调。但是有 84.6% 的被调查者愿意购买含皮影元素的产品，这也成为皮影传播的突破口之一。

二、5G 时代，皮影传播的新特点与新机遇

（一）皮影的特点

皮影戏以皮影艺人为载体，表演时艺人们在白色幕布后面，一边操纵戏曲人物，一边用当地流行曲调唱述故事，同时配以打击乐器和弦乐。"一口说尽千古愁，双手对舞百万兵"，足见其惟妙惟肖。皮影、皮影艺人、皮影作品以及皮影文化，在民间群体的口、耳、手、眼之间活态流传。每一份皮影作品既秉承了凝聚声腔和表演间的群体智慧，又包含了思想、情感和语言上的个体创新。在特定的地理空间、特定的地域群体，依赖特定的生态环境、民俗传统，皮影戏代代传承，生生不息。

遗世独立，却又与生于此长于此的一方水土戚戚相关。

由于皮影戏的声腔丰富优美、表演活灵活现、乡土气息浓厚，所以流传甚广。此外，皮影戏对多个人文学科领域的研究具有重要价值，成为了我国文化遗产中的独有瑰宝。2006 年 5 月 20 日，皮影戏经国务院批准列入第一批国家级非物质文化遗产名录。因其为非物质文化遗产，所以也具有非物质文化遗产的共性。活态性、生态性、变异性、传承性，都无一不备地在皮影戏的传播中有所呈现。

（二）5G 时代，皮影传播的新机遇

皮影依托于人本身而存在，以声音、形象和技艺为表现手段，并以口传心授作为文化链而得以延续，是"活"的文化及其传统中最脆弱的部分，而 5G 时代的"万物互联"无疑提供了一个行之有效的解题思路。在各大搜索引擎和社交媒体的渗透下，非遗受众圈层渐趋分化，这种"圈层化"特征也使得受众之间得以多维度互动，从而带动非遗艺术的广泛传播。

5G 技术为数字化信息的高速传输创造了条件，推动了文化与科技的深度融合。5G 时代，皮影文化的价值开发和应用可谓方兴未艾。皮影过去是、至今仍然是一种活态的文化，只是顺应环境的变迁发生了变异，出现了新的传播和传承方式。比如，皮影戏利用数字化技术支撑，采用大屏幕来放映，吸引了很多年轻的观众群体，推动文化产品和业态的创新。若将皮影戏中的一些传统元素融入动漫、网络游戏之中，结合虚拟现实、增强现实、8K 视频等技术，这些数字文化产品无论在形式还是内容方面，都将呈现出一副崭新的"面孔"。"皮影＋5G"将在融合发展中产生新业态。

三、非遗数字化传播的场景构建

（一）明晰非遗数字化传播的各环节、各要素

非遗的数字化传播不是仅靠技术就能达成的，它是一个层次分明、各环节循次而进的过程。笔者在分析梳理了非遗数字化传播的各环节、各要素后，拟从以下方面重构非遗的数字化传播场景。

首先，皮影数字化传播的主体自然是实体的皮影博物馆、展览馆及皮影自身蕴含的文化艺术，这是模式构建和运行的前提。其次，良好的环境能够为数字化传播的模式提供丰沃土壤，硬环境涵盖了非遗的人才机制、基础设施等；软环境包罗当前皮影的政策规制、地区文化氛围、国际合作等方面。最后，数字化传播的动力源主要包括技术、资金、人才和传承人。传播的首要动力源即是技术支撑，AI、VR 以及 5G 技术的赋能尤为重要；资金的注入可使政府、传承人、社会平台建立与受众线

上和线下的多维度联系。传播的主体是人，传播的终端也是人，非遗传播人才能丰富非遗传播场景的构成形态和功能属性。

（二）情感共鸣：非遗数字化传播的框架建构

由于认知冲突和群体差异，长久以来非遗很难跨越不同文化区域、突破在地性，引起更广泛的情感共鸣。而在新媒体语境下，在非遗数字化传播技术的禀赋下，则是为拓展非遗传播的广度，吸引更多的受众提供了可能。本文拟构建的非遗数字化传播包含多个影响因素，不同环节的互动和受众反馈也包含其中。通过非遗数字化传播动力源的输入（包括技术加持、资金投入、人才引进与培养和传承人的扶持），传播主体得以更好地发挥其自身独特的文化特性与传播属性，加之传播软硬环境的构建，从而输出"在线传播＋全媒体"的数字化传播平台，最终构成了一个保护与传播相辅相成的传播系统（图1）。

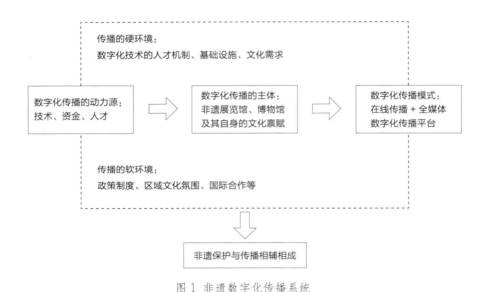

图 1 非遗数字化传播系统

四、5G 时代非遗数字化传播的路径转向

（一）正本清源，"技术＋文化"的逻辑自洽

非遗是各地优秀文化的集萃，其数字化传播方法也由表征向立体、多维过渡。此种背景下，清晰认知并妥善处理非遗之"文化"与数字化传播"技术"的关系是非遗数字化传播的核心要义，这可保证媒介技术的特质不至于破坏区域文化空间的感情共鸣。

以华县皮影为例，交通的闭塞、发展相对滞后使得当地长久以来保存着原汁原味的皮影文化，且深深烙印着"生于斯，长于斯"的质朴风格。皮影无论何种形式的创新都要求保持皮影作为非物质文化遗产最本真的内涵和形态，充分尊重非遗的差异性和独特性。在媒体融合的大环境下，受众普遍追求刺激和新鲜，皮影的改革和发展也做出过数次尝试，以迎合大众审美，比如陇东方言是当地环县道情皮影的一大特色，尽管一部分受众由于方言限制听不懂，但是若是将传统唱腔改为普通话则显得不伦不类。传统的内容也不是完全不能改变，只不过不是粗暴地照搬照抄，而是要巧妙地升级和优化。内容创新是关键，保持内容的原生态是核心，始终坚持"内容为王"的总基调不改变，才能营造出皮影戏健康可持续发展的良好氛围。

（二）"5G + AI、VR"，拓展非遗传播渠道

在人工智能技术与 5G 技术的结合方面，规则推理和机器学习是人工智能两大突出的技术禀赋，可以即时对存量非遗信息资源进行自动化分类，提高非遗信息资源的分类组织速度，从而助力非遗数字资源管理从简单的优化建档手段向数据管理智能化跃进。非遗在数字化传播时的内容生产、转化、输出、变现是一个庞大的课题，而 5G 技术就像一个助推器，利用"AI+5G"，做好受众的喜好追踪、搜集，实现非遗传播内容的整合发布就尤为重要。

虚拟现实技术依托三维计算机，具有强大的信息传达与交互体验功能，将其应用于非遗传播能构建多维度、沉浸式的虚拟环境。有了 5G 技术的加持，VR 不再只是一个华而不实的外壳，观众可以在各类非遗场馆中切身体会到真正沉浸其中的观赏体验。此外，利用"5G+VR"技术，将与皮影有关的数字符号、数据内容集中存储在数据博物馆中，以便人们可以快捷有效地对皮影进行了解与学习，以及专家学者能够继续对皮影艺术展开文化深挖与探讨。数字皮影博物馆可以将经典的皮影艺术作品数字化的收藏与陈列，既能为受众提供沉浸式的观感，也能够更好地传播皮影艺术文化。

（三）"5G + 短视频"，创新非遗传播内容

目前 5G 技术与传播的关联最直观体现在三个方面：一是 8K 视频的传输，用户通过 8K 影视设备就能得到视听沉浸式享受；二是 VR，能使传媒内容更有表现力；三是直播，"直播+非遗"的跨界组合自 2016 年伊始即令人瞩目。有鉴于此，乘"5G+短视频平台"的东风，依托短视频的传播速度更快、传播平台更广、辐射受众更多的优势，可以使非遗传播的内容更清晰、形式更创新，这对于引起受众情感共鸣的文化空间建构是意义非凡的。

在内容的创新方面，借助"5G+短视频"平台，可巧妙地将孙悟空、后羿等神话传说IP，昭君出塞、孔融让梨等传统文化IP进行活化，将其应用于用原创短视频，激活传统皮影文化，打造短小精悍、通俗易懂、深入浅出的皮影剧目。此外，以皮影的不同流派而言，陕西皮影雕刻精细、技艺精湛，北京皮影唱腔委婉、京韵十足，唐山皮影剧本最为丰富，因此在短视频的传播中，可以对这些特点进行局部放大特写，既能将皮影带入大众视野，又能使受众体验到最本真的皮影内涵。

五、结语

在5G技术应用的背景下，将新媒体技术应用于非遗的传播既是大势所趋，又是自身发展使然，否则非遗只能是"养在深闺人未识"。笔者认为只有精准把握非遗内在的传播属性以及新媒体的运作规律，将5G技术同人工智能技术、虚拟现实技术有机结合，同时将新媒体技术应用于精准诠释非物质文化遗产的内容呈现，使非物质文化遗产传播更加形象化、立体化、可视化，才能使非遗永葆青春、传之有道。

参考文献

［1］钟蕾，周鹏.新媒体多元化形式下的非物质文化遗产保护探析[J].包装工程，2015（10）.

［2］彭兰.5G时代"物"对传播的再塑造［J］.探索与争鸣，2019（9）：54-57.

［3］喻国明，曲慧.边界、要素与结构：论5G时代新闻传播学科的系统重构［J］.2019（8）：179-184.

［4］黄永林，余欢.智能媒体技术在非物质文化遗产传播中的运用［J］.华中师范大学学报大学学报：人文社会科学版，2019（11）：122-129.

［5］中央网络安全与信息化委员会办公室，国家互联网信息办公室.第46次《中国互联网络发展状况统计报告》［R］.中国互联网络信息中心，2020 — 09 — 29.

03 海派非遗传承及创新过程中未来国际化展望

——海派旗袍盘扣制作技艺的传承与创新之路

刘秋雁[①]

摘要：习近平总书记指出，"传承中华文化，绝不是简单复古，也不是盲目排外，而是古为今用、洋为中用，辩证取舍、推陈出新，摒弃消极因素，继承积极思想，'以古人之规矩，开自己之生面'，实现中华文化的创造性转化和创新性发展。"这一重要思想，正是我们本次论坛的主题："本来·外来·未来：国际化视野中的沪上非遗研究"最好的注解和指导方针。非遗在国家政策推动扶持下蓬勃发展的今天，作为非遗大家庭中的一员，责任重大。在践行传承、创新的过程中，以海派传承人和海派旗袍盘扣制作技艺为主，对传承、创新海派非遗发展中的传承、创新、跨界、产业规划、品牌价值、后续人才培养等相关问题进行探讨。

关键词：海派非遗；传承创新；国际化

一、上海非遗传承要遵循传统

"上海非遗"也称为"海派非遗"。"海派"一词自诞生以来就伴随着延续传统下的商业性、创新性。如绘画（以董其昌、任伯年为代表）、文学（以鲁迅、张爱玲为代表）、戏曲（以梅兰芳、周信芳为代表）、服饰（以旗袍为代表）等都是在延续传统（本来）的基础上，借鉴西方（外来）形成带有强烈的商业氛围的"海派"。习近平总书记指出，"中华优秀传统文化是中华民族的'根'和'魂'，是中华儿女共有的精神家园。"因此在传承的过程中"根"和"魂"不能断，上海非遗在传承之初一定要"吃透"传统，牢牢把住根、守住魂。

---

① 刘秋雁，上海市黄浦区区级非遗项目"海派旗袍盘扣制作技艺"代表性传承人。

作为一个从"非遗"一词还没有出现，就痴迷于此的本科油画专业生，心中埋藏着一个"旗袍梦"，悄悄来到上海追寻梦想。细想起来，就是儿时一颗盘扣在心底埋下的种子。小时候，笔者常帮着奶奶拉着扣条，看着她一边飞针走线，一边骄傲地和姑姑们讲盘扣的事：谁家姑娘真巧，盘扣一学就会；我大闺女最巧，这盘扣谁也没学到我大闺女（笔者的大姑姑）的份（境界）；你看这扣头"嘎达"（东北方言）又圆又结实，钉地笔笔直的。这些话诠释了当年女红的传承方式，也说明了衡量其质量的标准。带着这粗浅的记忆，笔者从图片、照片、绘画里看到了精美绝伦的海派盘扣，海派旗袍上带铜丝的盘镶纽的工艺和艺术表现力彻底征服了笔者，笔者一路追随到了上海。根据面料的厚薄、图案、色彩所设计出的海派旗袍盘扣，可谓是一款旗袍一个样，处处带着创意，几乎没有雷同。有的盘扣竟只有指甲大小（直径约 10 毫米）：用粉线、水线、烫斗、浆糊、锥子、刮浆刀等完成宽度只有 2.5 毫米左右的扣条制作。初学者学习海派旗袍盘扣的第一步就是烫扣条，接着学习打扣头、盘花扣、钉一字扣等技艺，为未来的创新打好基础。老话常说"技术在先，艺术在后"，只有将技艺运用自如才能走上创新的道路。

二、上海非遗创新要紧随时尚

《上海市传统工艺振兴计划》中提到："研发、推出具有上海本土特色的传统工艺旅游纪念品。"海派非遗传统工艺若想做到传承且经久不衰，就不能只是孤芳自赏，而是要与实用价值、时尚性结合。上海本土特色的传统工艺旅游纪念品的设计在创新的基础上要紧随时尚，这样年轻人才会驻足，并为此买单。如故宫文创，利用自身无可比拟的优势，为非遗传承和创新"打了个样"，成为了一种时尚。

尊重传统是一种态度，紧随时尚是一种能力。海派旗袍盘扣制作技艺复杂、耗时长，技艺面临失传，创意型传承人才的培养势在必行。传承人可在保留传统工艺的基础上大胆对流程、技术、材料进行革新，以海派旗袍盘扣"四叶草胸针"为例：最初的灵感来源于国家会展中心的四叶草建筑设计。2018 年 11 月 2 日，在上海香港广场"旗袍文化楼宇快闪"的手工体验中，50 枚四叶草胸针顷刻被抢空，也因此企业定制的四叶草胸针订单接踵而来。随后，与大世界文创空间联名的四叶草胸针从材料、制作流程上都大胆革新，用合金框架替代了铜丝，改善了镶嵌盘扣怕压、易走形的外部结构，并保留了真丝镶嵌技艺，得到大家的一致好评。

三、上海非遗要有跨界的胸怀

　　"海纳百川、追求卓越、开明睿智、大气谦和"的上海城市精神，是上海非遗发展的精神指引。大胆与文化创意产业、消费品、教育、金融、旅游等不同领域进行跨界融合，探索拓展项目、衍生产品的开发，是上海非遗传承和发展的有效路径。上海市松江区的顾绣之所以位列刺绣界各大流派之首，是因为顾绣创始人韩希孟大胆的跨界融合。她将刺绣和宋代花鸟画、绘画大家董其昌的作品跨界融合，将一向追求实用的刺绣带入了艺术境界，成为社会各界竞相收藏的艺术品。沪上剪纸大师王子淦将传统吉祥图案赋予了当代意义，其著名作品《一唱雄鸡天下白》中昂首挺胸的大公鸡，成为国内外人士争相抢购的商品。作为上海非遗人要有跨界联合的胸怀和胆量，敢于尝试、敢于探索、敢于实践。目前，海派旗袍上的盘扣越来越趋于简单化，以一字扣最多，还有少量的简单花扣。笔者这些年尝试了"盘扣 + 传统图案"（图1）、"盘扣 + 剪纸"（图2）、"盘扣 + 绘画"（图3）、"盘扣 + 饰品"（图4）等创作方式，迄今还在进行各种尝试。

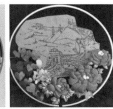

图1 盘扣 + 传统图案　　图2 盘扣 + 剪纸　　图3 盘扣 + 绘画　　图4 盘扣 + 饰品

四、上海非遗产品要适应市场

　　上海非遗产品不能在象牙塔内孤芳自赏，也不能让众多的学习者把作品珍藏在家里。让产品走向市场，激活产品的市场价值，培养市场意识最为关键。"上海非遗""上海手工""上海制造"犹如"德国制造"一样，一直被世界各地追捧。随着廉价加工的商品涌入市场，上海非遗产品走到了"宁可藏在家里也不走进市场"的境地。

（一）产业化规划

　　并不是所有的非遗项目都适合产业化，所以一定不能盲目的对所有非遗项目都进行同样的要求。在此，将海派旗袍盘扣制作技艺中的盘扣饰品作为先驱，通过各种商业渠道在市场进行了三个方面的试温。

1. 价格试温

产品定价是进入市场的关键。既不能让消费者望而却步（价格太高），也不能与机器大批量生产的产品无异（价格太低）。核算材料、手工耗时、创意设计、产品数量、受众、关注度等参数进行市场分析，打造属于上海的非遗产品。

2. 包装试温

包装上要做到带有浓厚的地域特色与风情。大多数非遗产品还没来得及考虑包装，甚至没有包装意识，也是没有适应市场的一个表现。

3. 地域品牌试温

上海非遗是上海旅游纪念品的一张名片，应该具有明显的海派特色。令人遗憾的是，目前的当地纪念品大部分为其他地区制造。上海非遗要有自己的品牌产品，希冀尽早实现中国智造代替中国制造。

此外，还要注重非遗产业化人才的引入和培养，这是非物质文化遗产产业化发展中一项长期性、持续性的工作，需要源源不断的人才，特别是有创意的年轻人作为支撑。

（二）打造品牌价值

迈克尔·波特在其品牌竞争优势中曾提到："品牌的资产主要体现在品牌的核心价值上，或者说品牌核心价值也是品牌精髓所在。"上海非遗有着得天独厚的地域优势：优良的营商环境、顶级的市场消费力，唯独缺少品牌价值的打造。

（三）加强网络新媒体推广

在数字媒介时代，非遗传播传承同样身处日新月异的媒体环境，需要与新媒介、新人群融合，激活传统文化的生命力。但在用户数量、用户参与和互动方面表现突出的同时，也存在传播主体媒介素养参差不齐、传播内容文化内涵缺失、传播效能持续性弱等问题。这就需要组建志愿者传播团队，深耕传播内容，构建新媒体与非遗之间持续良性互动的传播模式。

（四）培育后续人才

十三届全国人大三次会议第 9852 号建议："推进'非遗进校园'工作常态化，全面加强青少年人文教育和劳动教育。"上海非遗的传承不能脱离教育，非遗的培养要从娃娃抓起。自古以来很多传统工艺，如书法、绘画、绣花、杂技等，都需要从小培养。目前，非遗已经把各种特色课程植入到各阶段的教育中，为非遗的传承埋下了一颗种子。

2017 年，海派旗袍盘扣制作技艺走进了中华职业学校，以盘扣社团的形式进行上海非遗的推广，陆续在淮海中路小学、上海市卢湾中学、上海市敬业中学、上海市格致初级中学开展盘扣创意手工拓展课，其目的就是通过教育有计划地传承上海非遗，真正做到"学非遗、用非遗、秀非遗"的理念在校园生根发芽。

（五）完成由匠心到匠魂的跨越

在 2016 年的政府工作报告中，李克强总理提到："要鼓励企业开展个性化定制、柔性化生产，培育精益求精的工匠精神。"目前在各级政府的推动下，非遗传承人越来越多，但如何做到从传承人到行业的引领者、开拓者，在国内甚至是国际上处于领先地位，这只有一颗匠心还远远不够。上海土山湾孤儿院历时百年，是中国西洋画的摇篮，造就了一代代艺术名家。这里是近代上海工艺和海派文化的渊源地，因为战争土山湾孤儿院收留了几十万孤儿，根据个人的特点因材施教，培养出了各行各业的精英。其中世界雕塑大师张充仁 14 岁进孤儿院学习油画和雕塑，1931 年考进布鲁塞尔皇家美术学院，学成归国创立了充仁画室，桃李满天下。海派黄杨木雕"祖师爷"——徐宝庆，1926 年生于浙江台州，从 7 岁那年起，他就在土山湾孤儿工艺院学习。他的徒子徒孙在上海黄杨木雕界也是首屈一指，他们都是从小学起，并真正的从"匠心"成长为一代"匠魂"，引领很多人创造出"中国精造"，享誉世界。

五、结语

民族的才是世界的。民族的独特魅力不能靠封闭来保持。高校研培，要研究和了解相关项目的国际发展趋势，在此基础上，通过"请进来、走出去"的国内、国际交流，帮助学员了解其他地区、其他国家的传统工艺，在比较中得到借鉴和启发，在比较中提高文化自觉和文化自信，在比较中实现古为今用、洋为中用，形成民族风、中国派、时代感的传统工艺。

04 我国非遗博物馆展示道具设计研究
——以沪上非遗展馆为例

王晋静 [①]

摘要： 我国的非遗文化博大精深，目前非遗博物馆建设发展时间较短，其展示设计方面仍处于摸索阶段。展示道具的设计一向有两种"声音"：是运用传统展示道具呈现最真实的非遗，还是结合先进的展示技术与世界接轨，二者难以平衡。在针对沪上典型非遗展示馆进行的实地调研，以及研究分析当前非遗博物馆展示道具现状中发现，在沪的非遗展示馆注意到了非遗活态化展演的必要性及展示道具所需的创新性，但如何有效规划和开展仍是一个棘手的问题。在确保非物质文化遗产生命力的前提下，如何提出适用于国内当前非遗博物馆展示道具设计策略，是本文探讨的问题所在。

关键词： 非遗博物馆；展示道具；活态化；原生性；创新性

"非物质文化遗产"在《辞海》中被解释为各族人民世代相承、与群众生活密切相关的各种传统文化表现形式（如民俗活动、表演艺术、传统知识和技能，以及与之相关的器具、实物、手工制品等）和文化空间。[1] 非物质文化遗产博物馆（以下简称非遗博物馆）是基于传统博物馆收藏、保管、研究和教育的基本功能下，针对非物质文化遗产展示的一种文化场所。由于非遗博物馆定义研究尚不成熟，因此与非遗相关的展示空间均为非遗博物馆展示的研究范畴。展示道具是非遗博物馆的展示设计中的重要组成部分，它不仅有承托、保护、展示等基本功能属性，还兼具了空间分割、优化动线、塑造展示空间风格及提升参观者互动性等辅助属性。[2] 区别于传统博物馆展示具有的权威性，非遗博物馆展示是大众与非物质文化的对话窗口。因此，在展示中要求民俗文化元素的融合以及观众的参与性，这对馆内的展示

---

① 王晋静，东华大学硕士研究生，研究方向为环境艺术设计理论与应用。

道具设计提出了更高的要求。

截至目前，上海拥有 63 个国家级非物质文化遗产代表性项目，非遗展馆也有许多，如上海工艺美术博物馆、七宝皮影艺术馆、长宁民俗文化中心等。伴随新博物馆学的发展，坐落于上海的非遗博物馆应着重将非遗与展示道具完美结合。如何平衡非遗博物馆展示设计的原生性与创新性，是本文研究的主要问题。其中，创新的内涵不仅仅是展示技术上的创新，亦可以是传统展示道具色彩、纹样上的运用及道具间组合上的创新，给参观者沉浸式体验的创新。

一、非遗博物馆展示道具研究价值

（一）传达非遗展品信息

展示道具的基本功能是服务于展品，即展品的放置与展品信息的传递。一般地，展品的历史、规格信息等，需要通过展示道具用不同的展示手段呈现，[3]如展品标牌、展板。伴随数字化更新进入博物馆，更多的博物馆采取了展示屏幕、全息投影等设备进行展品信息的展示。在构建大众对非遗认知过程中，年轻一代的参观者抑或是国际友人也因缺乏生活经验和传统文化的历史熏陶，难以树立文化自觉。因而这些具有历史、文学、艺术及科学价值的产物如果没有展示道具进行进一步阐释，其深刻的内涵难以被了解。

（二）营造非遗博物馆艺术氛围

从局部层面看，展示道具作为一种陪衬物，在设计中强调突出展品，从而达到传播的目的。从整体、系统的层面而言，展示道具是在展示空间中创造出独特视觉形式的介面实体。道具的形态、肌理、色彩、材质、工艺等方面的不同，往往决定了整体展示的风格走向。[4]非遗博物馆的展示道具应在满足功能化需求的同时，汲取某一展品或极具地域特色中的元素进行再创造。以展示道具作为某一地域的文化符号的方式，提升参观者对非遗产生更加生动的认知感受。

（三）增强参观者互动性

伴随新博物馆学的发展，利用多媒体等声、光效果辅助展示，将过去博物馆的"请勿触摸"转向"Hands on"。[5]把具有权威性的展陈方式逐渐走向更为亲民的展示，这也是博物馆展示设计研究质的飞跃。非物质文化遗产出自民间智慧，反映了人民生活的点点滴滴。换言之，非物质文化遗产是属于大众的文化遗产，因此在展示上需要体现较强的普世性。在展示道具中融入互动的板块，能够拉近参观者与展品的距离。

二、非遗博物馆展示特征

（一）活态化与原生性

为了更好地将非遗保护与传承下来，也是为了让参观者能够切实体会到具有民族特色的非遗之魅力，感知非遗背后的匠心精神，非遗博物馆所展示的内容多为动态的、连续的。因此，活态化的演绎成为了非遗博物馆展示中重要的组成部分。上海工艺美术博物馆内设立了多个非遗工作室，每一间工作室都是一个小型的展厅，供参观者观摩非遗传承人的现场展示。例如，在绒绣工作室，传承人是坐在工作台上面对着参观者完成绒绣制作的。参观者可以近距离观看工艺流程，也可以在工作台边设立的交互屏幕上观看绒绣历史、工艺等影像资料。现场的展演与多媒体展示道具的结合，体现了非遗传播的活态化特征。

非遗的原生性，也称原真性、真实性，是非遗展示的根本。在非遗博物馆展示设计中，要注意保持非遗的原汁原味。[6] 切忌一味地运用先进的多媒体技术，而忽略非遗本身拥有的文化特质，造成本末倒置的后果。

七宝皮影艺术馆展示的皮影戏艺术是上海市级非物质文化遗产，坐落于历史悠久的文化古镇——七宝古镇。七宝皮影艺术馆内多用展龛、展柜等传统展示道具，实物展示居多，并配以图文信息进行阐释。展示空间采用了多种民俗元素的纹样进行装饰，在灯具的选择上也使用了印有皮影元素的泛光灯。馆内展示道具的搭配，烘托了地域文化氛围，在非遗博物馆展示道具设计领域还原了非遗的原生特征。

（二）互动性与创新性

非物质文化遗产，是由个人或群体同肢体动作、神态语言、有意识的行为来完成某个传统文化项目的过程，其核心内容是动态的过程。这一属性决定了非遗展示需要观众参与其中。[7] 大众参与的维度诸多，可分为合作式的体验互动、个人与展示媒介的互动等。合作式体验互动可以理解为非遗博物馆开展的非遗研学课堂活动，如长宁民俗文化中心，有专业老师传授戏曲知识，并让参观者现场体验及学习动作。该活动举办地为室内空间——曲苑，空间真实还原了传统戏台，采用了沉浸式教学，让参与者摆脱了固有的课堂式教学感受。

个人与媒介的互动，区别于传统展示道具，在信息传达方面从"被动灌输"转向了"主动获取"。可在展示道具中多使用声、光效果等多感官体验技术，让参观者更容易接收信息，与媒介互动。

在创新性方面，可分为展示道具技术的创新以及展示道具组合上的创新。展示道具技术上的创新，大部分为展示道具结合多媒体技术。目前较为热门的展示道具

图1 上海工艺美术博物馆 3D 立体成像投影

包括全息投影技术展示、透明 LED 显示屏展示、互动投影展示等，如上海工艺美术馆通过 3D 立体成像投影技术，全方位展示了展品的雕刻工艺，吸引了许多参观者驻足（图1）。

此外，各类展示道具搭配组合也是一种创新。以感官体验为核心的展示，能够让参观者身临其境。上海民俗文化中心利用声、光效果展现了沪剧名家李恩来的演唱会现场，并配以交互界面进行实时信息展示。多感官体验能够调动参观者多维度的感受，使参观者与展品产生共鸣。

三、非遗博物馆展示现存痛点

（一）展示实现活态化演绎存在困难

调研过程中，许多展馆在非遗展演活动中出现了两方面的问题：（1）传承人或相关工作人员无法时时刻刻在现场进行展示，且研习活动时间较为固定，参观者来访需要提前预约；（2）以工作室为展示载体的展馆，因参观者围观传承人演示，导致人声嘈杂，容易影响传承人完成作品。在长宁民俗文化中心，绒绣展示区域的工作台边竖立着人形立牌，没有展演的非遗传播缺少了"过程"，展示效果不佳；具有多个非遗工作室的上海工艺美术馆，许多参观者围绕工作着的传承人，环境嘈杂。以上两方面矛盾使非遗博物馆的展示出现两难的局面。

（二）展具设计在创新与传统方面难以平衡

非遗的展示强调有形与无形的结合，传统单一的实物展示方式已经无法满足非遗博物馆展示的需求。但同时非遗的原生性、民族性牵制着非遗博物馆展示设计无法一味地寻求"高、精、尖"的展示技术。不少非遗保护工作者担心，有些博物馆的展示可能会向"文化搭台，经济唱戏"的老套思维倾斜。

四、展示道具设计策略探索

（一）展示道具系列化呈现

一个展示空间可能存在一个或多个非遗展示。针对单项非遗展示，整个空间内部的展示道具需要系统化、系列化。可以选取同种元素进行重复使用，并适配展品进行不同的尺度与造型的细微调整。针对多个非遗展示的情况，首先要在空间上做好划分。即便是同一空间，也应该进行模块的划分（可以按照非遗项目名录中的门类进行划分）；其次，每一模块下应有特色的元素符号，但所有的模块都要保持同一个调性。非遗展示的调性无法脱离地域性元素、民族性元素，因此在把握调性的过程中应该避免视觉上过于现代化的元素。如七宝皮影艺术馆展示的关于皮影戏的道具、文化历史等，其中展示道具以朱红色花格窗与胡桃木色框架为主，将皮影元素运用到灯具与窗户上，成为了该馆的点睛之笔。

（二）视觉元素再提炼

非遗的原生性和民俗特色也可以在展示道具中体现。展示道具的视觉元素可从造型、肌理、色彩等多个角度呈现。如长宁民俗文化中心展出的撕纸技艺，其扁平化的展品可在展龛内展示，亦可置于画框内或是展板上展示。在展示道具的设计上，可以利用撕纸艺术的特色，形成系统化的设计。可将撕纸艺术品中的纹样进行提取、简化或是解构为简单的符号元素，再将符号印刷或雕刻于展示道具上。在色彩方面，可以使用邻近色或者同色明度、纯度的变化进行区分。需要注意的是，展示道具的功能是衬托展品，应尽量避免使用互补色作为展示道具的色彩，冲击的视觉效果会导致"喧宾夺主"。

（三）基于多媒体的感官体验设计

通过多媒体技术提升感官体验的展示道具，能够解决活态化展示的矛盾，也可以增强参观者的沉浸式体验感。针对活态化演绎难以实现的问题，运用多媒体展示道具能够动态地展示技艺流程，辅助还原出最真实的民俗场景。如透明电子屏可以借助真实的展品进行历史信息的传达或是制作工艺视频的播放，让参观者直观地了解其中的来龙去脉。在某些可操作的制作环节，也可以搭建互动小游戏，以寓教于乐的方式引导参观者主动参与。此外，根据展示内容的特性，也可以在展示道具中利用声、光，并通过视觉，营造出民俗生活场景，带给参观者多重的感官体验。

五、结语

习近平总书记于 2017 年 4 月参观合浦汉代文化博物馆时指出，博物馆的建设要避免"千馆一面"的同质化问题。[8] 我国各地区或单位进行逐一统计，共计 3145 个子项，涉及国家级非物质文化遗产代表性项目保护单位 3154 个，包含民间文学、传统音乐、传统舞蹈、传统戏剧、曲艺、传统体育、游艺与杂技、传统美术、传统技艺、传统医药、民俗十大门类。[9] 尽管目前非遗博物馆的展示还存在许多待解决的内容，但合理利用展示道具能够在我国各个地域更好地传播非物质文化遗产深厚的文化底蕴，从而进一步连接展馆与展品，也进一步拉近参观者与非物质文化遗产的距离。

......

参考文献

[1] 夏征农. 辞海：第 6 版缩印本 [M]. 上海：上海辞书出版社, 2010.

[2] 张典. 民俗博物馆展示道具设计研究 [D]. 武汉：武汉理工大学, 2018.

[3] 廖乐天. 博物馆展具设计的易用性与艺术性研究 [D]. 武汉：武汉理工大学, 2016.

[4] 向君. 模块化在展具设计中的应用研究 [D]. 无锡：江南大学, 2008.

[5] 吴云一. 新博物馆学语境中的当代博物馆建筑设计 [M]. 上海：上海人民出版社, 2016.

[6] 陈勤建. 回归生活：非遗保护的理论与实践研究 [M]. 上海：上海人民出版社, 2018.

[7] 杨红. 非物质文化遗产展示与传播前沿 [M]. 北京：清华大学出版社, 2019.

[8] 陈履生. 博物馆只有用馆藏文物讲好自己的故事才有可能避免"千馆一面" [N]. 文艺报, 2018-07-16（5）.

[9] 中国非物质文化遗产网·中国非物质文化遗产数字博物馆. 国家级非物质文化遗产代表性项目名录 [EB/OL]. [2021-04-03]. http://www.ihchina.cn/project.html.

后　记

　　东华大学第八期"传统刺绣创意设计"非遗研修学术论坛举行之时适逢上海"设计之都十周年"庆典，非遗学术论坛成为东华大学一系列活动中的亮点。与以往非遗教育研究中心举办的学术活动主题不同，这次围绕"本来、外来和未来"主题，聚焦国际化视野，集中审视上海非遗项目的独特之处、独特之美。论坛汇聚了沪上非遗研究名家，吸引了众多高校的师生，也燃起了东华学子的非遗研究热情。虽因新冠肺炎疫情影响，增设了进校检查、会场防护，佩戴口罩等要求，但论坛会场座无虚席，后排站满后仍有人涌进，以至于我们不得不采取限流措施，建议场外收看线上直播。

　　上海是个国际化大都市，几乎每天都发生着与国际相关的大活动、大事件、大新闻。论坛举行时，在上海举办的中国第三届进口博览会刚刚谢幕。这些重大交流和贸易活动的成功举办既充分彰显了我们国家的自信和对外开放的决心和诚意，也显示了上海主办国际盛事的高水平和执行力，还与上海人本身所具备的国际视野、国际胸怀有关。上海的非遗项目中也有不少携带着国际基因和外来影响者。本次论坛主旨发言的四位专家用丰富的史实、详实的数据、严密的逻辑和鲜活的实例，从不同方面揭示了上海多个非遗项目的中外交融特色以及上海文化海纳百川的胸怀。

　　习近平总书记曾多次强调要"不忘本来、吸收外来、面向未来"，指出了新时代推动文化建设的思想方法和工作方法，为坚定文化自信、不断铸就中华文化新辉煌、建设社会主义文化强国指明了前进方向。东华大学是国家文旅部定点的非遗研培高校，2018年5月，服装与艺术设计学院成立的非物质文化遗产教育研究中心一方面承担着组织实施国家交付的非遗研培任务，同时也没有忘记高校自身的学术研究职责。"研"与"培"并举是东华大学非遗研培的一个特色。我们不仅扎实认真地履行着研培高校的职责，也充分利用传承人进驻校园的契机扎实进行学术采风、学员访谈、纹样采集等研究工作，实现了研究与培训双管齐下，相辅相成。这种良性互动，已经并还将继续取得越来越多的学术成果。

　　论文集得以出版，要感谢与会专家学者的精彩呈现，感谢会务和秘书组师生的倾力奉献，感谢学校领导及东华大学出版社的大力支持！

编者

2021 年 6 月